Storie di psicoterapia

Nella stessa collana

Irvin D. Yalom
Guarire d'amore
Storie di psicoterapia

Giancarlo Dimaggio
Un attimo prima di cadere
La rivoluzione della psicoterapia

Marsha M. Linehan
Una vita degna di essere vissuta

Galit Atlas
L'eredità emotiva
Una terapeuta, i suoi pazienti e il retaggio del trauma

Lella Ravasi Bellocchio

La fiaba siamo noi

Storie che ci possono salvare

Raffaello Cortina Editore

www.raffaellocortina.it

ISBN 978-88-3285-487-9

Milano, via Rossini 4

Copertina
Studio CReE

Prima edizione: 2022

Stampato da
Grafica Veneta S.p.A. – Trebaseleghe (PD)
per conto di Raffaello Cortina Editore

Ristampe

0	1	2	3	4
2022	2023	2024	2025	2026

Indice

Prefazione

Erano anni che Lella Ravasi mi parlava della sua *Scindiroeura*, la Cenerentola lombarda che dà corpo a una delle fiabe più diffuse al mondo e ne fa un capolavoro di schiettezza e di coraggio. Erano anni che Lella mi parlava del libro che aveva in mente, a partire da questa fiaba – "lo devo fare, lo devo fare", mi diceva sempre. E oggi, che finalmente lo possiamo leggere, scopriamo quanto *La fiaba siamo noi* ci offra la possibilità di fare un passo ulteriore, e come un'Alice contemporanea, ci permetta di inoltrarci al di là dello specchio, nel giardino delle nostre storie più segrete. Le fiabe che Lella Ravasi sceglie e rilegge per noi sono strumenti antichi di conoscenza. Come tali, l'autrice ce li avvicina allo sguardo, ne smonta il meccanismo senza turbarne il segreto, ed ecco – scopriamo che parlano di noi, oggi. E ci consentono di guardare alla famiglia storta, sfocata, danneggiata che ci è toccata in sorte, con occhi nuovi. Le fiabe sono fallimento e riconquista, il passato e il presente di ogni essere umano che abbia voglia di capire dove sta andando. Nelle sabbie del rito – le sabbie junghiane strumento di analisi – Lella Ravasi mette anche la sua, di famiglia. La nonna Angela, maestra d'occhielli, lo zio Bruno, architetto, la madre ostetrica, Alberto, il marito narratore in versi, e Violetta, il fiore profondo del suo amore. E compone e scompone le sue storie.

Ancora una volta, è la lingua della poesia che, con perizia da antico maestro artigiano, Lella Ravasi maneggia per intrecciare la tela della sua narrazione. Una lingua poetica che di libro in libro connette il pensiero scientifico dell'autrice alla sua esperienza analitica, facendo vibrare i racconti di una vita ulteriore. La poesia è sempre stata una lingua madre, per Lella. Ed è attraverso una famiglia poetica, quella dei Bertolucci, che è avvenuto, molti anni fa, il mio incontro con lei. Una famiglia, quella dei Bertolucci, in cui poesia, cinema e analisi si intrecciano saldamente.

Il cinema offre la possibilità di convogliare immagini parole e silenzi in un flusso liberato, di cui Lella si appropria per aprire altre porte sul percorso analitico. La creatività come cura, come via, come percorso necessario e vitale per chi abbia il coraggio di cercare, il desiderio di guardare e di guardarsi.

La scrittura dell'autrice è calda, materna, avvolgente; ma anche concreta, lombarda. Corpo diurno di una donna che lavora, mano salda, ironica, fiera.

La fiaba siamo noi è anche una dedica a tutte le donne che Lella Ravasi ha incontrato nel suo percorso di vita e di analisi.

"Il maschile aspira alla perfezione, il femminile alla completezza" diceva Carl Gustav Jung e, aggiunge Lella Ravasi, la completezza è un continuo divenire, mentre al di là della perfezione non c'è niente.

Lella intreccia le storie più diverse dando vita a una rete che salva dal precipizio, che accoglie e che cura.

Parole come cuscini, che, come scrive James Hillman, se disposte nel modo giusto, possono alleviare il dolore.

Io ho trovato le parole/cuscino, risponde Lella Ravasi: "Salvare l'oggetto d'amore".

Perché salvare l'oggetto d'amore – ci dice l'autrice – nonostante tutto, è ancora oggi la parola che illumina il buio della notte.

La fiaba siamo noi è un frutto maturo che nutre e appassiona. Uno strumento potente di rigenerazione emotiva, un tuffo nelle acque profonde di una creatività materna e labirintica. Lella/Penelope con questo libro ha composto la sua tela e ha realizzato il suo disegno più intimo. Ed è con le parole di una donna poeta, Carol Ann Duffy, che saluto questa nuova nascita, con un accento di gioia, fiducia e ironia.

All'inizio, guardavo la strada
sperando di vederlo arrivare
camminando disinvolto tra gli ulivi,
un fischio al cane
che lo piangeva col muso caldo sulle mie ginocchia.
Sei mesi di questa storia
poi ho capito che passavano giornate intere
senza che me ne rendessi conto.
Presi ago e filo, forbici e tela;

pensando di distrarmi,
invece mi ritrovai l'industria di una vita.
Ricamai una ragazza
sotto una sola stella – punto a croce, seta argento –
che rincorre la palla saltellante dell'infanzia.
Per l'erba scelsi tre toni di verde;
un rosa antico, un grigio ombra
per mostrare una boccadileone che gargarizza un'ape.
L'albero lo ricamai col filo nocciola,

il mio ditale come una ghianda
spuntava dalla terra bruna.
Nell'ombra
avvolsi una fanciulla in un profondo abbraccio
col ragazzo-eroe
e mi smarrii del tutto
in un folle ricamo d'amore, desiderio, perdita e rimpianto;
poi guardai lui salpare
nei lenti punti d'oro del sole.

E quando gli altri vennero a prendergli il posto,
a disturbare la mia pace,
presi tempo.
Misi su una faccia da vedova, tenni la testa bassa,
facevo il lavoro di giorno e lo disfacevo di notte.

Sapevo a che ora della sera la luna
cominciava a sfilacciarsi,
la rammendai.
Fili grigi e marroni

inseguivano il pesce guizzante del mio ago
a formare un fiume che mai avrebbe raggiunto il mare.
Lo ingannai. Mi stavo disegnando
il sorriso di una donna al centro
del mondo, indipendente, intenta, soddisfatta,
e certamente non in attesa,
quando fuori dalla porta – troppo tardi – udii un passo ben noto.
Inumidii il mio filo scarlatto
e ancora una volta infilai il centro della cruna.[1]

Sonia Bergamasco

La fiaba siamo noi

Questo raggio che obliquo ti ferisce
È ancora giovinezza, ancora, ancora.
ATTILIO BERTOLUCCI, "Senza titolo"[1]

Le fiabe sono vere.

Lo diceva Italo Calvino nell'introduzione alle *Fiabe italiane*.[2]

È così. Quando molti anni fa ho accompagnato la *Regina delle nevi* nei luoghi del ghiaccio della fiaba di Andersen, ho incontrato il male, la perdita d'amore; avevo già incontrato il percorso del dolore in analisi con il "perché?" di Giobbe.

Ma la situazione si ripresenta sempre e si intreccia nella vita come nelle fiabe.

Così che la fiaba siamo noi. E diventa per ciascuno di noi la fiaba del nostro essere unico nel mondo.

Quante volte la piccola fiammiferaia? La bella e la bestia? La bella addormentata? Pollicino? Hänsel e Gretel? Ciascuno ha dentro di sé un racconto che gli assomiglia.

> Ho fatto a pugni con le prediche dei giorni feriali. Pane sbriciolato nei festivi, e segreti. La mensa di strega che attende nel bosco bimbi tondi e belli, dai corpi volubili.[3]

Così in questo momento di smarrimento, di perdita collettiva, di pandemia, di confine labile tra vita e morte, di negazione della realtà, si assiste a una forma clinica ed esistenziale schizoparanoide. Lo stesso meccanismo alla base della guerra, come ha scritto in termini sempre più attuali Franco Fornari nei suoi studi *Dissacrazione della guerra* e *Psicanalisi della situazione atomica*.[4]

Abbiamo dentro di noi la terribile presenza della morte, non solo nel nostro lavoro quotidiano, nell'inconscio, ma piantata realmente nella terra. La proiezione paranoica nega la realtà e la sostituisce con il "nemico". C'è da perdere la testa.

La Regina delle nevi si è impadronita di un pensiero collettivo nutrito di fake news e trascina nell'irrealtà soggetti fragili psicologicamente e onnipotenti in modo schizoide sul piano fantastico.

Non è un pensiero magico ma un pensiero delirante e carico di onnipotenza, lo stesso pensiero che porta alla mancata risoluzione dei conflitti e alla deumanizzazione, cioè alla guerra.

È per questo che mi sono tornate in mente in modo inesorabile la fiaba e le parole che forse ancora ci possono salvare.

Dice Hillman "le parole sono come cuscini: quando sono disposte nel modo giusto alleviano il dolore".[5] E lo dice alla fine della vita, realtà e metafora; e assieme all'amica che gli fa compagnia c'è il ricordo della bellezza dei mosaici di Ravenna, visitati pochi anni prima, lo sguardo che tiene insieme la bellezza e il mistero. Le storie della vita sono fiabe viventi, in analisi, nelle immagini che sogniamo, nelle storie d'Ombra e di rinascita, a volte.

Per esempio la Cenerentola in dialetto milanese, la Scindiroeura, mi riporta alla mia lingua materna e al percorso di individuazione, al mistero della nascita del Sé, del femminile, e mi riguarda sul piano personale come fiaba della vita.

Altre fiabe dei fratelli Grimm raccontano le storie del focolare. Sono storie che mettono in scena insieme "iniziazione" e paura, veri horror. Ma anche la famiglia è complessità. Come ci raccontano le fiabe dei nostri giorni, che sono nell'immaginario cinematografico e poetico. Tutto è girotondo, movimento, vita che racconta.

Focolare è famiglia, come si può.

Fare analisi è raccogliere le storie, i miti, dall'origine a oggi, mettere insieme l'immaginario che ci abita, come il cinema, la poesia. L'analisi come mi è toccato di viverla e a modo mio di trasmetterla: horror ed estasi, come diceva Elvio Fachinelli nel suo racconto di vita. La mente estatica, nell'essere estatico della vita analitica, "il dolce rumore della vita".[6]

Non c'è analisi senza lavoro del lutto, senza una clinica poetica, che comprende riflessione, inconscio e versi, che come una luce illumina il buio, storia di antenati e di contemporanei, storia del mondo in noi. Come racconta, requiem e speranza, questa poesia di Rilke che mi accompagna, nella traduzione di Dario Borso.

> Non ho paura
> di contemplare i morti. Se vengono,
> hanno diritto a soffermarsi
> nei nostri occhi quanto le altre cose.
> [...] Non spaventarti se adesso comprendo, ah,
> ecco che sale in me: non posso altrimenti,
> devo comprendere, anche a costo di morirne.
> Comprendere che sei qui. Comprendo.
> Proprio come a tentoni un cieco comprende una cosa,
> io sento la tua sorte e non so darle un nome.[7]

Il lavoro del lutto attraversa le nostre stanze: i morti ci fanno compagnia, compaiono nei sogni, sono memoria, entrano nelle nostre vite; l'intero percorso analitico è chiamato a farci i conti. E, a volte, è il cuore della richiesta: perché la vita si ferma nello stesso momento in cui la persona amata muore, perché si ripercuote da quel momento in avanti la vita fatta insieme, perché il progetto troncato è un fantasma che si sovrappone alla quieta banalità del vivere. Si procede a volte in modo parallelo, in una sorta di anestesia emozionale, perché i sentimenti stanno in un "altrove" che garantisce che l'altro che non c'è più sia una presenza attorno. Lo vedo, lo sento, quando accade. Tra gli eventi accaduti, ancora più potente è quando il lutto improvvisamente ci frana sulla testa collettivamente, e ci lascia senza fiato, in questa guerra permanente… A una festa, a un mercatino, sono mesi e mesi che siamo attaccati da immagini di morte. Mi aiutano ieri come oggi i versi di Rilke nella poesia *Requiem per un'amica*. Ma solo perché non ho altro modo, perché la poesia mi lascia un fiato di vita di fronte ai morti riconosciuti dal DNA dei parenti.

Ho morti e li ho lasciati andare
e stupivo a vederli così in pace,
così presto accasati nella morte, così giusti,
così diversi dalla loro fama. Solo tu torni
indietro; mi sfiori, ti aggiri, vuoi
cozzare in qualcosa che risuoni di te
e ti riveli. Oh, non prendermi quel che
lentamente imparo. Io ho ragione; sei in errore
se hai, commossa, nostalgia di
cose.[8]

Immagini che tornano, continuamente, "nostalgia di cose", di fronte al dilagare di immagini nere. Non abbiamo modo di pensare a una specie di "destino", per cui invece di andare in un bar si va in un altro, si gira l'angolo di una strada e sparano, ma ancora Qohélet passa di lì, "la paura passa in un pugno di polvere", e perché? Il requiem di Rilke racconta di un'amica, ma a me sembra di cogliere un sentire, un pensare collettivo, che ci abita, e mi viene in mente il fiume di sangue del sogno di Jung prima dello scoppio della Prima guerra mondiale. La paura di Jung di essere sommerso dalla psicosi latente e il relativo sollievo di cogliere l'inconscio collettivo strisciare per il mondo. Quanto siamo in grado di afferrare il dolore innocente dei morti di questo tempo, una guerra che distrugge, occhi sbarrati, e noi con i nostri poveri inadeguati Emergency o Save the Children? Eppure, "nonostante tutto". L'assenza di etica, il fiume rosso sangue di dolore. Che fare?

Come mettere insieme il *Requiem per un'amica* di Rilke e il "nonostante tutto" di Rosa Luxemburg?[9] Come tenere dentro di noi lo sgomento e la speranza, la richiesta di senso lì dove il senso è esiliato, dove finire la vita passa sempre più nelle fibre e credere di farcela è una potente utopia?

> Se ci sei ancora, se in questo buio,
> c'è ancora un posto dove il tuo spirito
> delicato vibri alle piatte onde sonore
> che una voce, solitaria nella notte,
> suscita nella corrente di un'altra stanza –
> allora ascoltami: aiutami.
> [...]
> Non tornare. Se lo sopporti, sii
> morta tra i morti. I morti hanno molto da fare.
> Ma aiutami lo stesso senza dover distrarti,
> come mi aiuta a volte quello ch'è più lontano: in me.[10]

E risuonano per me queste parole soprattutto se le accompagno alla musica del *Requiem* di Verdi, dal *Dies Irae* in cui la morte è il giorno tremendo, alla dolcezza dell'*Agnus Dei* a cui ci si affida, fino a quel *Libera me Domine de morte aeterna*, che in Verdi è una musica che non è più preghiera ma tenzone "uno a uno" con Dio, come nel *Libro di Giobbe*, un "perché" senza risposta che non smette di risuonarmi dentro e di girare attorno nell'aria. Solo così posso stare nella stanza dell'analisi, senza scappare via, e aiutare, per il poco che posso, a stare. Ma la stanza dell'analisi è anche per me un luogo, un pensiero più sicuro per stare nella speranza. Il dolore innocente di Qohélet costringe a esserci, nonostante tutto, appunto, *Libera me Domine de morte aeterna.* Rilke chiede di essere aiutato come aiuta a volte quello che più è lontano. Il tempo di trovare. Di tenere in vita la memoria.

Capitolo 1

Storie sospese

> La neve era sospesa tra la notte e le strade
> come il destino tra la mano e il fiore.
>
> CRISTINA CAMPO, *La tigre assenza*[1]

Una fiaba, un respiro grande, una storia della vita in più: è *La Regina delle nevi* di Andersen, che narra di una bambina che si mette alla ricerca dell'amico ferito dai frammenti dello specchio del diavolo, prigioniero della visione maligna, del cuore gelato, sequestrato nel paese dei ghiacci della Regina delle nevi, e infine libero.

Una fiaba che può raccontare molta parte del cammino analitico, della ricerca di una via d'uscita dal male di vivere, della doppia esperienza che ciascuno si porta addosso (bambina coraggiosa in cammino, bambino prigioniero nel castello) fino al momento della liberazione in cui compare – formandosi da sé – la parola "eternità", impossibile puzzle.

> Ma "eternamente" è parola molto dura: ha una "t" granitica nel mezzo. Eternità: perché tutto quello che è non è mai cominciato. La mia piccola testa così limitata esplode se pensa a qualcosa che non comincia e non finisce – perché così è l'eterno. Fortunatamente questa sensazione dura poco perché non sopporto che indugi e se perdurasse mi porterebbe allo smarrimento. Ma la testa esplode anche se immagina il contrario: qualcosa che fosse cominciato – per-

ché da dove comincerebbe? E che finisse – ma cosa verrebbe una volta finito? – Come vedi mi è impossibile approfondire e impadronirsi della vita, è aerea, è il mio fiato leggero. Ma so bene quello che voglio qui: voglio l'inconcluso. Voglio il profondo disordine organico che lascia comunque intuire un ordine soggiacente. La grande potenza della potenzialità.[2]

La scrittura evocativa di Clarice Lispector scivola nell'inconscio… "la 't' granitica nel mezzo… l'inconcluso… la grande potenza della potenzialità" e mi porta a rivedere l'eternità della *Pietà Rondanini* di Michelangelo. E lì c'è davvero tutto, nell'inconcluso della madre o della morte che regge il figlio, del figlio che regge la madre o la morte. Una visione si confonde nell'altra; la non finitezza mi dice forse l'impossibilità per l'artista – come per l'analista – di mettere la parola fine al senso dell'esistenza, alla potenza della potenzialità nell'analisi stessa, con apertura alla domanda sulla vita, sulla morte, sul materno.

Prende una commozione densa, una gratitudine che toglie dalla testa il vizio residuo del comprendere, perché "eternità" non esiste come parola, ma come fiato di smarrimento a cui affidarsi, come davanti all'ultima *Pietà* di Michelangelo, ai suoi ultimi, inconclusi, eterni, colpi nel marmo.

Una fiaba che sta dentro a due estremi: l'inizio, che non è la formula rassicurante "C'era una volta", ma "Ecco! Incominciamo"; e la conclusione, l'affidamento all'inconcluso della parola "eternità". Nel mezzo il cammino iniziatico: colpi di scena, o sfumature, o immagini oniriche, per indicare il passaggio finale dal ghiaccio alla vita, dal mondo bloccato del pensiero gelido alla fluidità trasformativa, al calore della ritrovata potenziale affettività.

Anche il male che incontriamo nelle storie d'analisi spesso si presenta nella forma dell'assenza d'amore, dell'uso doloroso di un'intelligenza ghiacciata.

La Regina delle nevi mi guiderà a immaginare un'aria di "neve sospesa tra la notte e le strade" e a ricordare storie, frammenti di incontri o percorsi compiuti, momenti fissati nel "per sempre" inconcluso dell'immagine interna, o sogni che narrano l'enigma dell'inconscio che si fa visione. Storie comunque sempre sospese "come il destino tra la mano e il fiore", ritmate dal linguaggio della poesia, il più adeguato – come la fiaba – ad accogliere l'esperienza psichica profonda e a liberarla, lasciandola nell'aria. Il profondo disordine lascia comunque intuire un ordine. Accade in analisi: un'apertura possibile verso la vita si fa strada, rompe gli schemi dentro i quali ci si barrica per difendersi, muove verso l'inconcluso. E dunque, ecco: incominciamo.

La Regina delle nevi[3]

Prima storia
Che tratta dello specchio e delle schegge

"Ecco! Incominciamo. Quando arriveremo alla fine di questa storia, ne sapremo più di quello che sappiamo adesso."

In un libro autobiografico, *La favola della mia vita*, Andersen descrive la casa della sua infanzia: "Dalla cucina si saliva in solaio, dove nella grondaia tra la nostra casa e quella dei vicini stava una cassetta di terra con prezzemolo e cipolle, ossia tutto il giardino di mia madre. Questo è il giardino che continua a rifiorire nella mia fiaba *La Regina delle nevi*".[4] Il libro è disseminato di ricordi che si confondono con citazioni delle opere più famose di Andersen; il materiale delle fiabe pesca nella "favola della vita" a piene mani.

Un giorno il diavolo per divertirsi fabbricò uno specchio dai poteri magici: ogni cosa bella si trasformava in brutta, ogni bene diventava male. "I paesaggi più belli sembravano lì dentro spinaci bolliti, e gli uomini migliori diventavano orridi, oppure stavano a testa all'ingiù... e alla fine non ci fu più un paese o un uomo che non fosse stato deformato lì dentro." E coloro che seguivano il diavolo – come stregoni –

vollero portare in cielo lo specchio per burlarsi degli angeli, e lo specchio sghignazzava e alla fine "tremò con tale violenza nel suo riso di scherno, che sfuggì dalle loro mani e precipitò giù verso la terra, dove andò in cento milioni/bilioni di schegge e più ancora". E le schegge come granelli di sabbia finirono negli occhi degli uomini. "Lì si posarono, e allora gli uomini videro tutto a rovescio, oppure ebbero occhi soltanto per quello che c'era di male... A certi uomini un pezzetto di specchio arrivò addirittura in cuore; e allora, cosa spaventosa, il cuore diventò come un grumo di ghiaccio." E volavano nell'aria le schegge di specchio, ancora e ancora continuavano a volare per il mondo.

Una fiaba curiosa diversa fin dall'incipit. Non "C'era una volta" ma "Ecco! Incominciamo". Come a dire: "Ci siamo! Andiamo a vedere", con la promessa che alla fine ne sapremo di più. E subito è chiaro che – comunque vada – non sarà una cosa semplice, ma un intrico di dubbi, di speranze, di ricerche a cui dare l'avvio. Perché lo specchio magico del diavolo ha enormi poteri trasformativi; il male conquista, seduce, sfida al senso rovesciato. Non c'è modo di nascondersi, "*It's a hard rain's gonna fall*" (come canta il menestrello Dylan): una pioggia di male precipita sul mondo – "cento milioni/bilioni di schegge e più ancora" – perché la violenza del male non ha freni nell'irridere e nel condurre alla rovina, profittando della visione distorta. È il mondo rovesciato che incontriamo dentro di noi nella sofferenza nevrotica e più ancora in quella psicotica; uno stare aggrappati al negativo come se solo lì ci si trovasse "a casa", come se la sfida dell'identità potesse venire giocata sull'affermazione di un "no" senza confini, riprodotto all'infinito. La rottura dello specchio è forse simbolicamente la frantumazione psicotica che sta dietro la patologia narcisistica, quel precipitare nell'immagine di sé – infinita e impossibile da afferrare – in cui continuamente un frammento di identità si specchia e si deforma in un altro frammento, e via via in un gioco di rimandi in cui alla fine l'immagine scissa esterna l'ha vinta sull'unità originaria, per sempre perduta.

Seconda storia
Un bambino e una bambina

In mezzo a una grande città abitavano due bambini, Kay e Gerda, vicini di casa, dirimpettai; i loro tetti quasi si toccavano; tanto che durante l'estate, attraverso i vasi di fiori sui balconi, potevano stare quasi in un giardino comune, come uniti da fonti di rose. Ma d'inverno le finestre erano gelate.

> D'estate con un solo salto potevano trovarsi insieme, d'inverno dovevano prima scendere tante scale e poi salirne tante altre. Fuori turbinava la neve. "Sono le bianche api che sciamano!" diceva la nonna.
>
> "Hanno anche loro una regina?" chiedeva il bambino.
>
> "Sicuro!" diceva la nonna.
>
> "Vola dove esse sciamano fitte fitte! È più grande di tutte e non si posa mai sulla terra..."
>
> "La Regina delle nevi può entrare qui?" domandò la bambina.
>
> "Venga pure" disse il ragazzo. "La metto subito sulla stufa calda, così si scioglie."
>
> Ma la nonna gli accarezzò i capelli e raccontò altre storie.

Quando alla sera Kay guardò fuori dalla finestra vide un fiocco di neve avvicinarsi e diventare sempre più grande e alla fine trasformarsi in una donna. "Era tanto bella e fine, ma di ghiaccio, eppure era viva; gli occhi erano fissi come due chiare stelle, ma in essi non c'era pace né tranquillità; ammiccò alla finestra e fece un segno con la mano; il bambino si spaventò e saltò giù dalla sedia; allora fu come se, fuori, passasse volando un grande uccello davanti alla finestra.

Venne di nuovo l'estate, e con l'estate i fiori e il ponte di rose tra le case dei due bambini; un giorno mentre erano insieme e "l'orologio del campanile batteva precisamente le cinque, Kay disse: 'Ahi! Ho sentito una fitta al cuore! E ora mi è entrato qualcosa in un occhio!'".

Erano le infinitesimali schegge di vetro dello specchio del diavolo che ancora giravano per il mondo. Da allora Kay divenne cattivo, prepotente e insensibile, e trattava con disprezzo Gerda. Il tempo passava. Venne l'inverno, i bambini giocavano sulla piazza con i loro slittini quando arrivò una grande slitta e Kay, per correre più veloce, vi si attaccò ma senza riuscire più a staccarsi. "Allora egli gridò molto forte, ma nessuno lo udì e la neve turbinava e la slitta volava... Lui era spaventatissimo, voleva recitare il Padre Nostro, ma riusciva solo a ricordare la tavola pitagorica."

Era la slitta della Regina delle nevi; lei lo baciò, un bacio gelido che lo faceva morire, ma che lo rendeva diverso da tutti. E Kay era incantato da lei: "Le raccontò che sapeva fare i calcoli a memoria, anche con frazioni e radici quadrate, che sapeva quanti abitanti ci sono in questo e quel paese; lei gli sorrideva sempre. Allora gli sembrò che non fosse abbastanza tutto quello che sapeva e guardò in alto, nel grande e immenso spazio dell'aria, ed ella volò con lui, in alto, sopra le nuvole nere".

E la regina portò lontano Kay, nel palazzo di ghiaccio, ai confini del mondo.

All'inizio è l'innocenza, l'Eden, la possibilità quieta di essere l'uno di fronte all'altra in un'unione naturale: tutto cresce, la relazione come le rose nate per farsi ponte. D'estate, almeno. Cioè al tempo del caldo, del tepore di un'affettività in cui confidare, a cui affidarsi. Ma poi viene l'inverno, la premonizione del ghiaccio nel turbinare dei fiocchi-pensieri, l'illusione onnipotente del bambino di poter sconfiggere la temibile Regina delle nevi, e la saggezza della nonna che sa ma non può far nulla per ripararlo, nulla. Il bambino dovrà scoprire da sé che non si antagonizza il potere del gelo nella fantasia onnipotente del calore primitivo. E infatti compare – dal nulla del fiocco di neve – dilatandosi, una donna, bellissima, inquietante: è il femminile incantatore con cui Kay dovrà confrontarsi, come un brandello della psiche che si fa pensiero, intelligente, estremo, spietato. Ma è solo l'annuncio d'Ombra, di rapimento, di furto d'Anima che verrà poi, quando il bambino sarà colpito negli occhi e nel cuore dalle schegge.

Forse simbolicamente questo racconto coincide con un tempo della vita – come l'adolescenza – in cui si è molto vulnerabili, in cui si è più facilmente colpiti dal male, che arriva picchiando sull'innocenza sotto la forma catturante di un'immagine di sé grandiosa e astratta. Ci si ritrova "diversi", corazzati, sempre allerta. La distanza tra noi e gli altri si manifesta con disprezzo, arroganza, sguardo duro, ostile, sul mondo. Ci si sente soli e si sputa attorno solitudine. È in questo stato che si rischia di essere rapiti dalla rabbia livida, ghiacciata, di una "Anima negativa", di un "femminile" che devia altrove il sentimento, "voleva recitare il Padre Nostro, ma riusciva solo a ricordare la tavola pitagorica". Il pensiero ossessivo si impadronisce delle emozioni; affidarsi al sentimento è una strada impraticabile, ormai. Il bacio è di ghiaccio. Nel movimento inflazionato che stacca dalla realtà si verticalizza il bisogno di dominare col pensiero, con la sicurezza matematica del sapere. La conoscenza diventa cosa mentale, staccata dalla vita, alla deriva, in alto "sopra nuvole nere". E si finisce confinati nel deserto ghiacciato del mondo "autistico", se non in senso psichiatrico, in senso affettivo esistenziale.

Terza storia

Il giardino fiorito della donna esperta di magia

Kay era scomparso, sulla slitta volata via; tutti lo piansero per morto; solo Gerda si convinse che non poteva essere vero, e una mattina...

"Metterò le mie nuove scarpette rosse!" disse, uscì dalla città, determinata a ritrovarlo, e andò verso il fiume.

"Ti regalerò le mie scarpette – disse al fiume – se mi ridai Kay"; salì su una barchetta e gettò le scarpe nel fiume, ma le onde la portarono via, sempre più velocemente, e il rosso delle scarpette era sempre più lontano. Dopo molto andare arrivò su una riva, e incontrò una donna vecchissima, esperta di magia (anche se Gerda questo non poteva saperlo), che la trattenne con sé mostrandole i fiori e i frutti più belli, pettinandole i capelli biondi, e più la vecchia la vezzeggiava più la bambina dimenticava la ragione del suo viaggio. Pur di trattenerla con sé, con un incantesimo nascose le rose sottoterra, quelle rose che potevano essere per Gerda memoria viva del suo amico, finché però un giorno, molto tempo dopo, Gerda ne vide una sul cappello della vecchia e allora ricordò, e piangendo lacrime sul terreno fece germogliare un rosaio, che era lì sotterrato. E le rose le parlarono: "Kay non è morto, noi sotto terra ci siamo state, là si trovano tutti i morti ma Kay non c'era!". Allora la bambina andò per il giardino incantato, interrogando i fiori ma ognuno di loro era preso dal suo proprio incantamento, e raccontava una sua storia perché "i fiori stavano al sole a sognare ciascuno la sua fiaba".

E i racconti dei fiori sono strani, incomprensibili, piccoli misteri, ognuno chiuso dentro il suo proprio mondo, enigmi.

> Che dice il giglio dei campi? "Senti il tuono: bum! bum! sono solo due note, sempre bum! bum! Ascolta il lamento delle donne! Ascolta le urla dei sacerdoti! Nel suo lungo mantello rosso la donna indiana sta sul rogo, le fiamme guizzano intorno a lei e intorno al suo sposo già morto; ma l'indiana sul rogo pensa a colui che vive, e i cui occhi bruciano il suo cuore più delle fiamme che tra poco bruceranno il suo corpo e ne faranno cenere. Ma può la fiamma del cuore morire tra fiamme di rogo?"
>
> "Non capisco niente!" disse la piccola Gerda.
>
> "Questa è la mia fiaba!" disse il giglio rosso dei campi.

E poi parla il convolvolo. Per lui la storia è questa: una fanciulla sta in alto su un'antica rocca di cavalieri, e guarda nel sentiero e attende e attende.

"'Ma perché non arriva?'

'Kay vuoi dire?' domandò la piccola Gerda.

'Io parlo soltanto della mia fiaba, del mio sogno' rispose il convolvolo."

E tocca alla primula: su un'altalena stanno due fanciulle e un fratello più grande di loro fa le bolle di sapone, l'altalena va e il cagnolino abbaia e si arrabbia perché è escluso dal gioco.

"'Una tavoletta che dondola, una bolla di schiuma che scoppia, ecco la mia canzone!'

'Può anche esser bello quel che racconti, ma lo dici con tanta tristezza e non parli di Kay.'"

I giacinti raccontano di tre sorelle che ballano attorno a un laghetto; il profumo è dolce, sempre più forte; le fanciulle spariscono nel bosco, ed ecco tre bare galleggiare sul lago. Dormono o sono morte?

"'Mi rendi tanto triste!' disse la piccola Gerda. 'Hai un profumo così forte; mi fai pensare alle fanciulle morte. Ah, è morto il piccolo Kay?'

'Noi non sappiamo – dissero i giacinti – Non cantiamo che la nostra canzone, la sola che conosciamo!'"

Anche il ranuncolo racconta: il sole splende e fa crescere i fiori gialli, colore dell'oro lucente; la nipotina viene a casa a trovare la nonna e la bacia. "'C'era l'oro, l'oro del cuore in quel felice bacio. Oro sulla bocca, oro nell'intimo del cuore, oro sulla terra! Ecco questa è la mia breve storia.'"

E infine il narciso: "'Io mi vedo! io mi vedo! Oh, che profumo è il mio! Lassù in soffitta c'è una piccola ballerina... tira calci a tutto il mondo, ma è pura illusione... lei indossa un abito bianco... Alza la gamba! Guarda come si regge sul piedino! Io mi vedo! io mi vedo!'

'Non me ne importa nulla!' disse Gerda. 'Non sono cose da raccontare a me!'".

E Gerda scappò dal giardino incantato, triste per il tempo perduto, perché intanto si era fatto autunno e l'aria attorno era fredda e cupa e grigia.

Così come è inevitabile l'incontro con il male, la fiaba ci dice che è impossibile rassegnarsi, dimenticare, passare oltre, rimuovere la speranza. Nella storia della bambina che si avventura alla ricerca dell'amico perduto, è raccontato non solo il movimento d'amore dell'una verso l'altro, ma la dinamica interna a ciascuno di noi, la nostra doppiezza tra calore e ghiaccio, tra bisogno incessante di trovarsi e blocco dell'energia, tra spinta vitale e regressione mortale. L'analisi rende palese tutto questo: il gioco delle parti fa sì che separatamente e assieme si faccia esperienza e memoria di quanto ci ha ferito, dell'esilio in cui parti di noi sono state trascinate, del cammino di avvicinamento, di disvelamento che ci tocca fare per riunire le parti di noi scisse, il femminile e il maschile, e le contraddizioni che, in più, queste parti hanno al loro interno.

Così si parte con qualche amuleto, con una fantasia di libertà (le scarpette rosse nuove) anche appassionata (il rosso è il colore dell'energia, del calore, dell'eros). Ma le scarpe si devono perdere; bisogna affidarsi al fiume della vita: le certezze e gli amuleti al primo bagno nell'acqua, al primo necessario scivolamento nell'inconscio, se ne vanno per conto loro, ci accompagnano un po' distanti da noi, inafferrabili. E infine si perdono. Nello smarrimento che segue si possono fare esperienze di vari trucchi e fantasie di potere magico. In questo senso si può leggere l'incontro con la vecchia come il tempo dell'illusione in cui si può rimanere intrappolati, fermi nella visione di qualcosa che è allo stesso tempo "dato" e finto. Si è impossibilitati a vedere quell'unico aspetto della realtà psichica che ci possa ricordare il senso del cammino. Il ricordo comunque si insinua nel gioco degli inganni e brucia di lacrime che fecondano il terreno. E riemerge – metafora straordinaria della comune meraviglia dell'infanzia – il fiore/fonte, la rosa tra l'uno e l'altra. È qui che si rinnova l'impegno, che l'illusione e il tempo dei trucchi finisce, e ci si risveglia fuori dal luogo fiorito del rigoglioso nulla in cui si era affogati. E comunque, dal momento che si è rimasti invischiati nel "giardino della donna esperta di magia", ci vorrà altro tempo per liberarsi. Un labirinto di domande e risposte ci attende. Per quanto ci si metta in relazione – o così sembra – con l'istinto naturale, per quanto si interroghino i fiori (tanti, ma non la rosa, il rimosso), non si hanno risposte. "Ciascuno sogna la sua propria fiaba." Anche la bambina fa l'esperienza della comunicazione impossibile, dell'enigma del sogno che si sogna da sé, scopre il dolore della solitudine narcisistica, del senso di "perduto" che dà l'essere estraniati dall'altro, ciascuno chiuso nell'inaccessibilità della propria canzone. I fiori parlano del mistero dell'esistenza attraverso una immagine metaforica in cui potrebbero riconoscersi.

Se il giglio rosso racconta della donna indiana sul rogo, questa storia ci pare assurda. Ma se immaginiamo un giglio rosso dei campi, possiamo vederlo come fiamma che contiene una figura nera bruciata. La visione si fa domanda esistenziale: "Come può il cuore morire sul rogo?".

Se il convolvolo si arrampica e scende poi sotto forma di campanula non è l'immagine di fanciulla in abito lungo che sta in alto, distante da terra, e non può che attendere?

Se la primula trema nel vento – ma è radicata al suolo – la sua canzone le assomiglia: è bolla di sapone, altalena e insieme consapevolezza di non essere solo aria, con tutte quelle radici, e allora è come il cane che abbaia perché escluso, perché le parti sono in conflitto tra loro; l'armonia contiene in sé la rottura.

E i giacinti non sono la forma di fanciulle danzanti? E la domanda è fonte d'inquietudine: danzano la vita o la morte?

E il ranuncolo che ha in sé il colore del sole, tutta l'età felice dell'oro si riflette dentro e fuori il suo giallo lucente, che cosa vuol dire con il suo bacio?

Quanto al narciso, tutto preso dall'infinita immagine dell'auto rispecchiamento, non va mai oltre se stesso anche se apparentemente racconta un sacco di storie.

E alla fine, per uscire dal labirinto delle parole e delle immagini, la bambina deve lasciare la forma di questi pensieri incantati, ciascuno chiuso dentro di sé. Per andare in cerca di qualcuno che si è confinato nel luogo allontanato del dolore freddo, per andare ancora una volta a stanare la parte di noi che lì è finita, bisogna decidere di non farsi incantare dalle parole, amare il segreto e sapere che le parole sul segreto a volte sono trucchi da prestigiatore. E così riprende il cammino.

Quarta storia
Il principe e la principessa

Era di nuovo inverno. Nel suo peregrinare Gerda incontrò una cornacchia gentile, le raccontò la sua vita e la cornacchia credette di riconoscere nella figura di Kay il principe che aveva sposato la bella principessa del castello, scelto tra mille per la sua intelligenza. Con un trucco Gerda, introdotta dalla cornacchia nel castello, entrò fin nella camera da letto dei nobili.

> Sentiva un sibilo passarle accanto. C'erano come delle ombre lungo le pareti: cavalli dalle criniere svolazzanti e dalle zampe snelle, giovani cacciatori, dame e signori a cavallo.
> "Sono solo sogni!" disse la cornacchia.
> "Vengono a prendere i pensieri delle Loro Maestà per portarli a caccia, ed è un bene, così voi potrete osservarli meglio nei loro letti. Ma speriamo che se arriverete a ottenere onori e riconoscimenti, mostrerete un cuore riconoscente."

Lì la bambina scoprì che non si trattava dell'amico. Ma il principe e la principessa furono molto commossi dalla storia di Gerda e la tennero a dormire con loro nella stanza. "E così chiuse gli occhi e dormì come un angelo. Tutti i sogni volarono dentro un'altra volta, e adesso sembravano angeli di Dio; tiravano uno slittino e dentro c'era il piccolo Kay che salutava: ma erano chimere, e così tutto questo era sparito quando lei si svegliò."

Il giorno seguente a Gerda vennero dati i mezzi per girare per il mondo alla ricerca di Kay: stivaletti, manicotto e pelliccia, e una carrozza con i servitori.

"'Addio! Addio!' gridarono il principe e la principessa; e la piccola Gerda pianse, e anche la cornacchia pianse; e così andarono per i primi chilometri. Poi anche la cornacchia salutò e questo fu il congedo più doloroso. Volò in alto sopra un albero, e sbatté le ali nere finché poté seguire la carrozza, che brillava come un bel sole."

Il cammino di ritrovamento, dopo che ci si è persi dietro gli incanti, è ancora irrigidito, freddo. Di nuovo è il tempo duro dell'inverno, e non muta al bello. È un tempo in cui bisogna saper trovare gli alleati: nella fiaba la figura della cornacchia fa da tramite gentile verso la coppia regale. In qualche modo sembra che ci si debba accontentare: la cornacchia non è un'aquila; è piuttosto un elemento aereo, spirituale, semplice, di natura "minore"; è anche una modalità di elaborazione possibile del nero, del negativo. Va da sé che il principe non è il piccolo Kay. Non sarà che voler ritrovare a tutti i costi ciò che è perduto rischia di portarci verso un falso "sé"? O almeno verso una chimera? Eppure anche alleanze povere possono aiutare: capita spesso in analisi di non avere intuizioni fulminanti, di procedere in modo lento, inferiore – o almeno così sembra –, di andare a tentoni, ma tutto è finalizzato all'esercizio paziente della ricerca, in cui conscio e inconscio sono coinvolti. E l'incontro con il principe e la principessa (elementi di maschile e femminile positivi) non distrae, ma riconnette, restaura le forze, dona i mezzi per continuare. Forse rappresenta la ricomposizione con una coppia genitoriale interna (di fatto assente perché i genitori nella fiaba non ci sono) e anche l'amicizia con parti di sé forti, il riconoscimento di un modo di essere prezioso. All'interno di questa storia ci sono poi immagini che raccontano il popolo delle ombre che viaggia nei sogni: sibili, cavalli e chimere che volano nella stanza, come ombre proiettate sul muro da una lanterna magica, fantasie che diventano vere, illuminazioni poetiche di quanto di visionario riempie non solo le nostre notti, ma il tempo degli incontri analitici, qualcosa che ricorda i versi di Shakespeare:

> Siamo della sostanza
> di cui sono fatti i sogni; e la nostra
> breve vita
> è racchiusa da un sonno.[5]

Quinta storia
La figlia del brigante

Nel folto del bosco, all'interno più nero, abitavano i briganti e non parve loro vero di impadronirsi della bella carrozza, dei suoi beni, e anche della bella bambina che viaggiava lì sopra. La vecchia moglie del brigante pregustava infatti di mangiarsela, ma la piccola figlia – selvaggia quanto lei – decise di tenersi Gerda per sé, per farle fare a suo piacere i suoi giochi preferiti. Giochi selvaggi naturalmente, non affari da signorine, come tenere prigioniera una renna e farle passare sotto il collo un coltello affilato per farle paura. Quella sera la piccola brigantessa si addormentò e Gerda prigioniera non sapeva che cosa la vita le avrebbe riservato.

> Allora i colombi dissero: "Kurr! Kurr! Noi abbiamo visto il piccolo Kay. Una gallina bianca tirava il suo slittino; lui stava nella slitta della Regina delle nevi, che filava radente sul bosco quando noi stavamo ancora nel nido, fece tanto vento con la sua corsa che tutti i piccoli morirono, tranne noi due. Kurr! Kurr! [...] Andava probabilmente in Lapponia, perché là c'è sempre ghiaccio e neve. Lo puoi chiedere alla renna che è qui legata alla corda...". E la renna disse: "Il suo castello si trova vicino al Polo Nord".

Al mattino la piccola Gerda raccontò tutto alla figlia del brigante che con serietà prese la decisione di lasciare libera la renna prediletta perché potesse accompagnare Gerda in Lapponia e più in su ancora, per ritrovare il piccolo Kay, perché era molto commossa – selvaticamente, a modo suo – da tutta questa storia. Si tenne il manicotto di pelliccia, e le diede però i ruvidi guantoni della madre (nel frattempo addormentata con un bottiglione di vino) perché potesse resistere al freddo. Diede loro anche delle provviste "e infine tagliò col coltello la corda che teneva legata alla renna e le disse: 'Adesso corri! Ma sta' bene attenta alla bambina!'".

E così corsero via verso l'aurora boreale.

Le alleanze si fanno sempre più strane. Succede che aspetti primitivi, istintuali, ci vengano in aiuto proprio quando sembra che tutto sia perduto. È la stessa selvatichezza a essere sia pericolosa sia benefica: così come nella fiaba da una losca famiglia di Briganti emerge il personaggio della brigantessa fanciulla aiutante di Gerda, dobbiamo scoprire dentro di noi la forza dell'Ombra, la possibile parziale integrazione del "negativo". La capacità di mettere a fuoco aggressività, pulsionalità, di riconoscere la dimensione positiva della "donna selvaggia", di quella parte di noi da dissotterrare (perché torni a "correre coi lupi"), è fondamentale per procedere nel cammino analitico. E al contrario un eccesso di "buoni sentimenti", di volontà salvifica, di aiuto a tutti i costi, è molto pericoloso perché depista, costringe nella gabbia di un ruolo miracoloso, quindi falso. Se sappiamo allearci con un fiuto istintuale selvatico e buono smettiamo di ritenerci superiori agli altri, lasciamo a terra la zavorra dell'onnipotenza. È nel buio fitto, nella tenebra della ragione e dell'inconscio, quando proprio non sappiamo più a che santo votarci, che i colombi fanno sentire la loro voce, che cioè di nuovo la dimensione semplice della spiritualità trova le parole per indicare come procedere. "Kurr…Kurr…", suoni e voci creaturali indicano la meta, e allora troviamo la forza di individuare nell'Ombra la parte positiva con cui allearci: "Candidi come colombi e astuti come serpenti", si trova il modo quindi di rimettersi in viaggio, forti di una nuova esperienza. E poco importa se si perde il prezioso manicotto di pelliccia e ruvidi guantoni ci proteggono: una certa rozzezza (sobria di parole) è a volte la compagnia più appropriata. Sempre che la renna, prima prigioniera dell'Ombra, cioè un istinto allenato ad andare nella terra dei ghiacci, sia pronta a viaggiare con noi.

Sesta storia
La donna di Lapponia e la donna di Finlandia

Arrivarono finalmente in Lapponia dove incontrarono una donna che si prese cura di loro; dopo che Gerda ebbe mangiato e bevuto scrisse due righe su un baccalà secco da consegnare alla donna di Finlandia. E corsero, corsero di nuovo la renna con la piccola Gerda attaccata al collo, fino ad arrivare dalla donna finlandese che lesse il messaggio scritto sul baccalà: "Lesse tre volte, alla fine lo seppe a memoria e buttò il baccalà nella pentola, perché si sarebbe potuto benissimo mangiare e lei non sprecava mai niente".

La renna questa volta raccontò tutta la storia e chiese alla donna, che sapeva capace di prodigi, di far bere alla bambina qualcosa che le desse la forza di dodici uomini per vincere la Regina delle nevi. Ma la donna finlandese, pur commossa, rispose che non poteva fare nulla che Gerda non facesse già da sé:

> È vero che il piccolo Kay si trova presso la Regina delle nevi; lui crede che tutto vada secondo i suoi desideri, e che quello sia il luogo più bello del mondo, ma tutto questo succede perché gli è entrata una scheggia di vetro nel cuore e un altro granellino di vetro in un occhio; prima bisogna tirarli fuori; altrimenti non diventerà mai un uomo e la Regina delle nevi conserverà il suo potere su di lui… Io non posso dare a Gerda un potere maggiore di quello che ha già! Non vedi com'è grande? Non vedi come gli uomini e gli animali la servono, e quanta bella strada è riuscita a fare con le sue sole gambe? Non può prendere certo alcun potere da noi, il potere si trova nel suo cuore, e consiste in questo, che è una fanciulla buona e innocente. Se non va lei stessa dalla Regina delle nevi a liberare il piccolo Kay dal pezzetto di vetro, noi non possiamo far niente. A due miglia da qui comincia il giardino della Regina delle nevi, fin là tu puoi portare la bambina; falla scendere vicino a quel gran cespuglio che sorge in mezzo la neve, con le bacche rosse; non indugiare in lunghe chiacchiere e affrettati a tornare!

E così la renna con la piccola Gerda partì, e fu tanta la fretta che la bambina dimenticò i guanti, dimenticò gli stivali, tutto quanto, e la renna piangendo la lasciò al confine del castello, ma non poteva fare che così. Fiocchi di neve dalle forme più strane e grandi arrivavano rasoterra per attaccarla, ma quando Gerda si mise a pregare altri fiocchi comparvero in suo aiuto, e così lei smise di sentire tanto freddo e si incamminò svelta verso il castello.

Si è ormai nella terra dei ghiacci, sempre più dentro il viaggio. L'obiettivo si va individuando e la capacità di cura femminile si mostra nella complessità e nella semplicità della vita: la prima aiutante, la donna di Lapponia, scrive il suo messaggio su un baccalà secco; si usano gli strumenti a disposizione, non quelli che in teoria sarebbero perfetti. Quando poi la bambina giunge nella casa-tana-cuccia della seconda aiutante, la donna di Finlandia, costei prima legge il messaggio, poi lo memorizza e infine cucina il baccalà su cui è scritto, perché "niente va sprecato". Anche il rapporto analitico è messaggio e sostanza, capace di nutrire; parole e sentimenti sono come un buon cibo, quel "sapere-sapore" di cui parla Barthes.[6] L'immagine del pesce, su cui imprimere prima il messaggio per poi nutrirsene, mostra la capacità femminile di unire pensiero e sensazione, mente e corporeità. E non ci sono pozioni magiche nella casa della donna di Finlandia: per sconfiggere la Regina delle nevi non occorre la forza sovraumana, ma la sapienza del cuore. È nel "sé" – non nella magia o nei trucchi – che si fonda la possibilità di "liberare dal male", cioè di far sì che il piccolo Kay veda la realtà oltre la prigione che gli si è insediata negli occhi e nel cuore (nella visione e nel sentimento) dal momento che lo specchio del diavolo gli ha sparato dentro le sue schegge. E la Regina delle nevi è la complice, la custode-carceriera che con il fascino e il potere della mente tiene il bambino vincolato alla negatività. Se il piccolo Kay non si libera "non diventerà mai uomo". È il momento della svolta, dal punto di vista analitico, dalla dipendenza all'identità, dall'identificazione con l'immagine di grandiosa potenza al sacrificio dell'io ipertrofico e narcisista, verso qualcosa che ci può portare al processo di "individuazione". Ed è così radicale il passaggio che la bambina ci arriva senza appoggi e aiuti; nemmeno la renna potrà essere testimone degli avvenimenti; l'urgenza fa dimenticare alla bambina la prudenza, la copertura (stivali e guanti). Si va all'incontro a mani nude, protetti solo dal desiderio e dall'oscura cognizione che non si può fare altro: l'incontro con il destino passa di lì.

Settima storia
Quello che succedeva nel castello della Regina delle nevi, e quello che successe dopo

Ma dove stava Kay, dov'era mentre Gerda era ormai vicina a lui?

> Le mura del castello erano turbini di neve, le porte e le finestre erano raffiche di vento; c'erano più di cento sale, secondo come si era ammassata la neve; la più grande era lunga miglia e miglia, tutta illuminata dalle aurore boreali e le sale erano immensamente grandi, vuote, gelate e splendenti. Lì non penetrava mai l'allegria… lì in mezzo sedeva la Regina delle nevi quand'era in casa; e allora diceva che stava seduta nello specchio dell'intelligenza, e che quello era l'unico e il migliore del mondo. Il piccolo Kay era tutto viola dal freddo, ma non se ne accorgeva, perché lei con un bacio gli aveva rapito il brivido del freddo, e il suo cuore era né più né meno che un grumo di ghiaccio. Andava trascinando attorno certi blocchi di ghiaccio lisci e taglienti, che disponeva in mille modi… Kay faceva delle figure, ed erano assolutamente perfette, era il gioco di ghiaccio dell'intelligenza; ai suoi occhi le figure erano eccellenti e della massima importanza; questo dipendeva dal pezzetto di vetro che aveva nell'occhio! Componeva figure che diventavano una parola scritta, ma non riusciva mai a comporre proprio quella parola che voleva, Eternità. La Regina delle nevi aveva detto: "Se riuscirai a comporre quella parola, allora diventerai padrone di te stesso, e io ti regalerò il mondo e un paio di pattini nuovi". Ma lui non riusciva.

Fu allora che la bambina entrò nel castello; la Regina delle nevi era andata via nei suoi giri dannosi per il mondo, lontano da Kay, ma il bambino era sempre comunque suo. "E pensava e pensava tanto che la testa gli scoppiava; stava seduto tutto rigido e silenzioso, si sarebbe creduto che fosse morto assiderato." Gerda entrò nelle sale fredde e vuote e finalmente si incontrarono. Lei, felice, gli volò al collo, abbracciandolo e gridando di gioia perché l'aveva ritrovato.

> Ma egli sedeva zitto zitto, immobile e freddo; allora Gerda pianse lacrime brucianti che colarono sul petto del ragazzo, gli penetrarono nel cuore, sciolsero il pezzo di ghiaccio e corrosero il frammento di specchio che ci stava dentro... E lei poi cantò e Kay scoppiò a piangere e pianse tanto che il granello di vetro gli rotolò via dagli occhi... riconobbe la bambina... "Gerda, dolce piccola Gerda! Dove sei stata tutto questo tempo? E dove sono stato io?" e si guardò intorno. "Che freddo fa qui! Com'è tutto vuoto e enorme!" Si aggrappò a Gerda, e lei rise e pianse di gioia.

E fu a questo punto che l'emozione contagiò perfino i blocchi di ghiaccio che si misero in movimento, e quando smisero di ballare formarono la parola impossibile; la parola non poteva che farsi da sola, ed era proprio la parola: ETERNITÀ.

E si allontanarono dal castello. E fecero il cammino a ritroso: dalla renna prima, dalla donna finlandese e poi da quella di Lapponia, e dalla brigantessa bambina che aveva deciso di girare per il mondo anche lei, e dai principi – che però erano in viaggio – e infine dalla nonna. Ma le sedie di quando erano bambini erano piccole: loro erano diventati grandi. E la nonna leggeva a voce alta "se non sarete come fanciulli non entrerete nel regno dei cieli".

E come la fiaba ci aveva promesso nella prima storia, abbiamo imparato qualcosa da Gerda e da Kay, perché alla fine, ma proprio alla fine: "Stavano seduti lì tutti e due, grandi, ma in fondo bambini; bambini nel cuore; ed era estate, la calda estate benedetta".

L'attimo dell'incontro finalmente arriva. Ma non accade nulla, perché il piccolo Kay è rapito nel gelo splendente –

"specchio dell'intelligenza" – del castello della Regina. Non si accorge di quanto dolore assiderato lo circonda, dell'assenza di allegria; i giochi sono perfetti, eccellenti, specchio di verità, "gioco di ghiaccio dell'intelligenza". Il bambino non sa che tutti questi specchi (intelligenza sublime, verità assoluta) sono ancora lo specchio del diavolo, i cui frammenti sono insediati in lui, incistati nella sua vita. E a Kay quello appare come il migliore dei mondi, il riparo dal caos delle emozioni; vive l'illusione di essere protetto e nascosto da uno schema perfetto di difese. La ferita nell'occhio e nel cuore non fa male fino a quando il bambino la nega. Lo strazio è della mente in quella testa che scoppia, in quel pensiero che ossessivamente ruota attorno all'impossibilità di comporre il puzzle tagliente dei blocchi di ghiaccio, fino a leggervi la parola Eternità. L'illusione onnipotente di tenere sotto controllo il mondo è una difesa contro il terrore di andare in pezzi. Ogni tappa dello sviluppo dell'esistenza espone al rischio del congelamento di tipo autistico: perché non si riattivi l'esperienza dolorosa della separazione primaria e della crescita (con le ulteriori indispensabili separazioni), ci si offre ostaggio al mondo chiuso della mente gelida. Ci si protegge dalla ipervulnerabilità finendo congelati e immobilizzati, come se questa fosse l'estrema difesa per non riconoscere quella ferita, quel frammento di male, di cui non si ha colpa, che si è insediato nella psiche.

È qui che si gioca la partita finale: l'emozione di lei e il pianto sciolgono il dolore raggrumato nel cuore di lui. E il canto, il suono, la voce di lei muovono la commozione e tolgono il frammento di male dallo sguardo di lui. È nella relazione che improvvisamente quello che appariva impossibile accade: il riconoscimento è nel passaggio dall'una all'altra di quelle emozioni che non sono più espressione di vulnerabilità insopportabile, ma fluire di sentimenti tollerabili che sciolgono i grumi del male. E la relazione è interpersonale e intrapsichica, tra i due fuori e i molteplici dentro, nella dinamica femminile-maschile che è finalmente libera di esistere. È a questo punto che la parola "eternità" si forma da sé, senza interventi e forzature: l'emozione si fa motore e senso dell'esistenza. Il cammino finale a ritroso è un po' quello che si fa al termine dell'analisi, quando ci si racconta il tratto percorso, o lo si guarda con occhi diversi senza parlarne, e si riconoscono gli incontri con le varie parti di sé. E, come nella fiaba, tutto è in movimento: le forze psichiche attivate sono libere di muoversi creativamente, di "viaggiare".

E proprio alla fine ci si accorge di essere diventati "grandi" tutti e due, eppure di essere ancora e sempre, in fondo, "bambini nel cuore". È la terribile meraviglia dell'infanzia, attraversata insieme, fuori dalla minaccia assediata della solitudine (libera dai frammenti dello specchio del male) che apre gli occhi e il cuore alla creatività, alla "calda estate benedetta".

Il paese dei ghiacci

Scendi più giù, scendi soltanto
nel mondo della perpetua solitudine,
mondo non mondo, ma ciò che non è mondo,
buio interiore, privazione
e spoliazione d'ogni proprietà,
disseccamento del mondo del senso,
evacuazione del mondo della fantasia,
inattività del mondo dello spirito.[7]

L'interesse appassionato per la fiaba nasce dal riconoscimento della ricchezza simbolica, della "magia" che vi è contenuta: il percorso iniziatico dei due bambini somiglia al viaggio analitico e ci coinvolge, perché qualcosa di noi (analista e analizzato) è sempre esiliato nel paese dei ghiacci, e allo stesso tempo qualcosa di noi è in cammino per uscirne. E ancora qualcosa di noi è affascinato dallo specchio dell'intelligenza e dalla bellezza gelida e sublime della Regina delle nevi, come dallo stupore letargico del giardino della vecchia maga. Trovarsi vuol dire percorrere i labirinti delle molte storie, perdersi dietro la slitta della Regina, incantati e rapiti dalla sua (dalla nostra) illusione di eternità; sbagliare strada; passare dalla reggia alle mani dei briganti; inventare incontri semplici e altri impossibili; arrivare infine al cuore del problema e scoprire che è proprio nel "cuore del cuore" la soluzione, nell'emozione primaria, nel sentimento d'amore, nella capacità di lasciarci alle spalle la delusione che ci aveva ferito, che ci aveva dannato l'esistenza.

Le immagini della fiaba parlano dello specchio del diavolo, dei frammenti del male lanciati a pioggia sul mondo, della casualità del male che colpisce senza senso e senza "colpa", come un virus. Chi ha vissuto molto precocemente nella vita esperienze di deprivazione affettiva e di separazione tende a chiudersi nel suo gelo, in un mondo distante, anaffettivo, in una capsula da cui vede accadere i sentimenti come un gioco meccanico, e rimane estraneo ai sentimenti stessi, inaridito, disseccato, congelato appunto.

Ma anche il tempo – dilatato, disarmonico, inconcluso – dell'adolescenza strappa i legami, chiude al mondo infilandosi nel pertugio di una solitudine abitata dalla negatività; è un percorso inevitabile di separazione, di rifiuto; è uno sguardo obliquo, diffidente, ostile, minacciato e minaccioso: si oscura la realtà, sostituita da fantasie e proiezioni. La negazione dei no-vax. Costruzione di un mondo a rovescio rispetto alla realtà, in cui si hanno le chiavi del regno e si esclude il mondo reale fuori dalla porta.

Catastrofe imminente, improvvisi crolli, sentimento di assedio dall'interno di una psiche squassata dall'invidia, dai complessi di inferiorità, di inadeguatezza, a cui fanno da contraltare idee grandiose di sé. La precarietà e l'onnipotenza convivono, e ovviamente il gioco è terribilmente in disequilibrio, e ogni volta fanno precipitare giù per qualche dirupo innevato o volare sulla cima del più alto e lontano ghiacciaio. La negazione del disastro ambientale, che è l'attuale sorte del mondo.

Su un piano affettivo-esistenziale lo scarto tra la pulsione autodistruttiva, la percezione a volte delirante della realtà a vantaggio di un'immaginazione sostitutiva, la fantasia come nucleo centrale che "fa da sé", tutto porta a costruire una solida – fragilissima cittadella: dalle feritoie delle sue mura si scruta il mondo come nemico. Da questo punto di vista la fiaba racconta in modo esemplare l'inconscio collettivo, permettendoci di rintracciare da un lato il nucleo "a parte" che vi è contenuto, dall'altro lato mostrando il volto perennemente adolescente di molti adulti che mantengono saldamente centrale nella loro vita un luogo psichico inaccessibile, un insondabile "altrove".

Ma, se studiamo i percorsi terapeutici delle storie d'analisi in cui noi stessi siamo coinvolti, spesso troviamo l'inquietudine originaria che va al di là delle esperienze primarie, come se qualcosa non ci avesse abbastanza protetti rispetto a una vulnerabilità interiore più alta del "normale" o del sopportabile, come se ci fosse per ciascuno di noi una soglia diversa di tolleranza della ferita originaria dell'essere venuti al mondo, della delusione derivata dall'espulsione, dal mancato contenimento. La relazione primaria si fonda su un incontro in cui i sensi sono allertati ma non c'è la sicurezza di farcela ad afferrare i piccoli d'uomo che – senza rete – vengono lanciati nel mondo, come raccontano questi versi:

Quando erano selvaggi
quando ancora non erano umani
quando avrebbero potuto essere qualunque cosa,
io ero sull'altra sponda pronta ad adescarli con il latte,
e il padre loro, pure, ciascun nome una rete nelle sue mani.[8]

Se è l'incontro che fa la relazione, se "adeschiamo con il latte" i nostri nati, è la presenza del seno-amore che li cattura all'umanità, che addomestica la parte selvaggia – ancora non umana – dei cuccioli d'uomo. "Il seno viene prima del nome: la dolcezza del latte, la presenza del seno/amore che restituisce fiducia e speranza."[9] L'umanità che ripercorre il cammino dell'uscita dal male del mondo.

Fuori dall'umanità ci si barrica all'interno di quella che Bettelheim ha definito la "fortezza vuota"[10] contro l'incursione delle emozioni fisiche e psichiche, paralizzati dal terrore esistenziale di esserci, incapsulati nel castello della Regina delle nevi, a volte ci si ritrova privi della comunicazione simbolica, che è la parola, a volte prigionieri del gioco di parole apprese meccanicamente, sganciate dall'emozione.

Chi ha patito questa prigione, chi è rimasto intrappolato nel castello della Regina è sempre lì, una sua parte rimane barricata dentro, convinta di essere nel migliore dei mondi. Ci si può costruire un falso "sé" che circola per il mondo, che intrattiene amori come affari al posto di affetti, che apparentemente è "normale". Ma il vero "sé" è confinato nel castello e gli fanno compagnia i blocchi di ghiaccio delle costruzioni razionalizzate, le manovre difensive messe in atto a protezione del nulla, per salvarsi dall'angoscia di un vuoto sconfinato che fa eco dentro. Come il vuoto vissuto durante il lockdown ha svelato un vuoto interiore; affitti e affetti finiscono per coincidere.

L'assenza d'amore ci può dannare l'esistenza nel gioco degli inganni: la Regina delle nevi è regina degli inganni (falsi i suoi amori, falsi i suoi rapporti). E, dentro, il gelo, inavvertito perché la regina con un bacio rapisce il brivido del freddo. Non più abbracci, non più presenza, il corpo escluso sostituito dalla diffidenza anaffettiva. Siamo diventati piccole immaginette su uno schermo. La distanza, la virtualità ci hanno portato via la relazione, ci hanno portato nel paese dei ghiacci. L'esperienza dell'anaffettività, dell'assenza, della privazione di possibilità affettiva, è tra le più devastanti, sotto la maschera di una sostanziale estraneità e diffidenza. Tutto il mondo fa male. E comunque ha generato modalità distruttive, esplosive: la rabbia tiene gli altri lontani da sé, i pericolosi altri che potrebbero toccarci. Non è solo rabbia, è anche paura, frammenti di male, di quel male che la fiaba ci dice essere la nube di schegge impazzite di onnipotenza di quel divino a rovescio che è il diavolo.

La persona ferita dall'anaffettività può scaricare rabbia, invidia e onnipotenza con un atteggiamento rifiutante, ostile, con parole armate. Il tono violento con cui le parole sono espulse ci restituisce un'eco di un inconscio collettivo armato, e scisso, come se ci fosse sempre una periferizzazione delle passioni.

E, come nella fiaba, il cammino del ritrovamento è nella relazione amorosa, nella realtà della relazione, nella presenza fortemente empatica nel nostro esserci, fisico e psichico assieme. La presenza di un amore come capacità di relazione psichica garantisce la non pericolosità del distacco, la presenza per cui l'assenza diventa sopportabile, un tempo che scandisce l'attesa, nella fiducia del ritorno.

Anche la relazione analitica ha un tempo interiore che aiuta a sopportare assenza e presenza, a volte durissime entrambe da sostenere.

Quando troviamo in qualcuno la traccia profonda di una ferita (come i frammenti dello specchio della fiaba), spesso ci appare un vuoto devastante; un insieme di formule, parole come armi, si sostituiscono alla relazione, mettono in scena una presenza assente, un allontanamento doloroso, una estraneità dal sentimento, un tentativo di evitare un dolore "assiderato", come dicono i versi di Emily Dickinson.

Dopo un grande dolore
viene un sentimento formale –
i nervi, siedono cerimoniosi come tombe –
il cuore irrigidito si chiede
se proprio lui ha sopportato,
e se fu ieri, o secoli fa.

I piedi – meccanici –
vagano su una strada legnosa
se di terra o aria o niente –
ormai indifferenti.
Appagamento di quarzo, come pietra –

Questa è l'ora di piombo –
ricordata da chi sopravvive,
come gli assiderati ricordano la neve:
prima il gelo – poi lo stupore –
poi l'abbandono.[11]

Ci sono momenti della vita in cui il male colpisce in modo assoluto: l'assenza d'amore ci violenta, ci sradica dall'appartenenza a una comune umanità. È successo due anni fa: si vagava nell'indifferenza, al di là della percezione dello spazio e del tempo, "se fu ieri, o secoli fa". "È l'ora di piombo", dice Dickinson. Chi sopravvive la ricorda come gli assiderati la neve: il gelo, lo stupore, l'abbandono.

E ancora per sopravvivere a un grande dolore, a una ferita insopportabile, si inventa un "sentimento formale". Non c'è definizione più pertinente per parlare di chi si è trovato a fronteggiare una situazione estrema senza averne i mezzi: assideramento, irrigidimento, i nervi "cerimoniosi come tombe", si vaga "su una strada legnosa se di terra o aria o niente". O ghiaccio. O vagoni piombati. O campi di sterminio. O bare allineate in attesa di una sepoltura senza rito. La solitudine per chi va e chi resta. Dickinson parla di un dolore psichico, di un male terribile. Lo abbiamo ancora oggi tra noi, nella disperazione priva di possibilità di dirsi, nell'altro da sé confinato nel ghiaccio, nell'assideramento dell'umano in noi.

È a contatto con la situazione estrema anche dentro di noi, nell'impossibilità di trovare parole per dire l'indicibile del male, che ci avviamo quando ci tocca essere portati nei luoghi del ghiaccio in cui regna la perfida regina degli inganni, proprio lì, nel luogo allontanato del cuore e dello sguardo, feriti dal male e assiderati.

È con questo sentimento di traballante, zigzagante, ricerca che provo a raccontare alcune storie del vivere analitico in cui mi sono trovata ad andare il più possibile oltre la prassi rassicurante dell'interpretazione, sfidando l'assenza d'amore, l'ora di piombo di chi è sopravvissuto a un grande dolore. Incontri in cui il non amore si è presentato in una sorta di "asservimento" alla morte, in forma fisica o psichica, in cui il tentativo è stato (come nella fiaba) di andare là dove qualcuno era sequestrato e uscirne insieme, dove e come era possibile, senza rimuovere il male, ma senza cedervi. A volte ci sono riuscita. A volte no. Come accade nella fiaba, gli incontri che ci fanno diventare grandi sono quelli che cambiano per sempre la nostra vita, e pure ci lasciano l'opportunità di rimanere "bambini nel cuore". Tanto bambini da trovare dentro una fiaba, ancora oggi, il coraggio di vivere.

Storie di analisi[12]

La cinciallegra

A tavola
per non parlare da sola
ha parlato con le sue posate
per tutta l'infanzia
per tutta l'adolescenza
con la signora forchetta
e suo marito il coltello
per tutti i pranzi
e per tutte le cene
poi è diventata grande
non ha più parlato all'acciaio inossidabile
quasi più è tornata nel cassetto
dei feroci bambini cucchiaini.[13]

Quando ho incontrato la fiaba della Regina delle nevi si era già consumato il tempo dell'incontro con Dorina; molte altre nevi si erano stratificate, in parte sgelandosi, in parte finendo in crepacci inaccessibili; molte altre strade erano state camminate, "sette paia di scarpe ho consumate di tutto ferro per te ritrovare, [...] sette fiasche di lacrime ho colmate"[14] al momento della lettura tutto mi si è ripresentato, "acqua viva", come dice Lispector. E nella sua storia – *agua viva*, cioè "medusa" in portoghese – il movimento della memoria ha ripescato le emozioni lasciate in fondo al mare, la fatica del lungo cammino fatto per incontrarla (prigioniera del ghiaccio, nel paese deserto della solitudine autistica, senza parola, senza abbracci) e gli attimi di felicità e gli inganni e il tradimento della speranza di riportarla via, di "salvarla", di toglierle per sempre dagli occhi e dal cuore la gabbia e la spina feroce dell'assenza d'amore, i frammenti di quel male che lo specchio del diavolo della fiaba dissemina (moltiplicandone all'infinito le immagini) sulle creature.

Nel raccontare l'incontro, la storia, il destino, credo di esserci tutta intera, nel mio impeto di allora – forse meno esperta di oggi nell'arte della cura analitica – e, come la bambina della fiaba, impossibilitata a rassegnarmi alla perdita, forse anche incosciente nel mettermi in cammino, ma determinata ad arrivare fino in fondo al lampeggiare obliquo dello sguardo di sfida e di disperazione di Dorina. È andata così.

Dorina ha tre anni e mezzo quando viene portata da me, su indicazione di un neuropsichiatra infantile, con la diagnosi di "autismo infantile primario". La prima volta che la vedo non parla, pare non ascoltare, gira vorticosamente su se stessa, sbatte le mani e le braccia a farfalla, ha uno sguardo terrorizzato, volto sempre altrove, incapace di fissarsi su un punto. Comunica un'angoscia fortissima. L'immagine è quella di un uccellino volato giù dal nido. Come una cinciallegra lancia brevi gridi striduli e non smette mai il suo movimento ossessivo del girare in tondo, come se stesse tentando di espellere con una magia il mondo esterno, come se volesse farlo e farci scomparire. Si rintana poi sotto il tavolo, accucciandosi, ma l'ansia non si placa: sembra di sentire il suo cuore battere a mille. Fatico a concentrarmi su quello che la madre mi sta dicendo: d'altra parte lei ha già ripetuto la storia molte volte, "è una disgrazia, non capisco perché è toccata proprio a noi, eppure è una bella bambina, il dottore dice di no ma io credo che sia sorda; e poi è testarda, prepotente, fa un sacco di capricci...". La signora parla come se la bambina davvero non la stesse ascoltando: espelle le parole in modo automatico. Accompagno la signora alla porta. "A tra un'ora." L'uccellino e io siamo soli nella stanza. Tutto quello che conservo del trattamento terapeutico di Dorina è depositato nella mia memoria e nella mia psiche, poiché il materiale scritto delle sedute è andato perduto; probabilmente l'ho voluto perdere quando dopo tre anni e mezzo circa la madre se l'è ripresa con una telefonata: "Ho sentito dire che c'è un professore in Svizzera che opera al cervello; voglio portarla lì". Era nata da poco mia figlia. Non ho più rivisto la bambina.

Negli anni dei nostri incontri Dorina ha iniziato a parlare, ha accettato l'inserimento prima all'asilo e poi a scuola, ha smesso di essere totalmente uccellino, è entrata nel mondo dei normali, anche se è rimasta una diversa, come Peter Pan nei giardini di Kensington. Dorina è proprio un "tra il qua e il là" come dice il vecchio corvo saggio di Barrie: "'Allora non sarò proprio una creatura umana?' chiese Peter. 'No.' 'E nemmeno proprio un uccello?' 'No.' 'Che cosa sarò?' 'Sarai un Tra-il-Qua-e-il-Là' disse Salomone, e certamente era un vecchio saggio perché è esattamente ciò che avvenne".[15]

Ma nel tempo del nostro andare comune Dorina ha rievocato in me la cinciallegra che ero stata anch'io; mi si accendono ricordi lontanissimi, dei miei primi mesi di vita sotto le bombe della guerra. Per starle accanto non posso far altro che stanare la mia sofferenza, la mia "crepa nel cuore", come dicono Laing e Frances Tustin. Dorina chiede di essere accolta solo sul suo territorio desolato e perduto. "Perché questo possa aver luogo, la 'crepa nel cuore' che sta al centro dell'esistenza umana deve essere sperimentata ancora e ancora in contesti sempre allargantesi di maturità crescente. La cura dei bambini psicotici richiede persone che abbiano fatto questa esperienza."[16]

I primi incontri sono segnati da una dolorosissima distruttività: Dorina pone le sensazioni insopportabili fuori di sé, prima negli oggetti e poi su di me. Rompe un grande vaso che sta in un angolo della stanza ed entra in uno stato d'angoscia fortissimo, come se fosse lei stessa ad andare in pezzi.

Figura 1 Olio di Marco Bellocchio.

Distrugge tutto quello che può, fogli di carta, matite; sputa per cacciarmi via; continua a girare su se stessa come una trottola, gettando lo sguardo lontano.

Dopo ogni incontro con lei sono estenuata, distrutta. Le sedute (per un periodo di quasi un anno) si svolgono non nella stanza dell'analisi, ma a casa mia tra la cucina e il bagno, dove è possibile un contenimento primario per reinventare lo spazio di un materno assente, che deve essere rivissuto nell'esperienza fisica della relazione, prima di poter accedere all'oggetto transizionale e di qui alla simbolizzazione.

Il tempo trascorre nel segno di una ipervulnerabilità, spesso nel trepidare di paura: tutto appare minaccioso. Dorina vive nel terrore ghiacciato; ma tutti i bambini autistici sembrano congelati dal terrore, come se un pericolo mortale li sovrastasse. Il lavoro clinico svela la loro paura di essere abbandonati, scaricati nel "cassonetto", nel "buco nero", annullati. La minaccia sembra risalire al nostro passato filogenetico, alla ricomparsa di terrori atavici ignoti.[17] Come dice Bion, sono "preconcezioni" nel senso di vaghi pericoli non concettualizzati. Il bambino autistico è minacciato dal marasma e congelato dal terrore del nulla. Che fare con Dorina?

Mi pare di entrare in sintonia profonda con la bambina quando accetto di lasciarmi andare alle sue grida scomposte, quando creo cioè lo spazio dentro di me perché le grida possano avere un'eco silente. Rispondo al suo vibrare con braccia che stanno pronte a contenere, ma che si muovono verso di lei quando lei è pronta a lasciarsi avvicinare. Sperimento il dolore di non poter fare nulla se non *stare.* Questo tempo/spazio sospeso richiede una partecipazione mia altrettanto sospesa. Entro con la bambina nella "bolla", come una bolla priva d'aria, una grande bolla di sapone, che può finire a terra nello sputo e che però finché sta nell'aria ha una sua infinitezza e indefinitezza, una sorta di sé embrionale inconoscibile e impronunciabile.

Così accade che la situazione in apparenza totalmente distruttiva può contenere in sé la noce, il germe, di un potenziale di vita "altra": è solo se io sono in grado di veleggiare con Dorina nella bolla che l'embrione del sé non deflagra, in qualche modo misterioso "sta" e inchioda me a stare. Stare a regole del gioco che non ho imparato se non in un tempo di vita primordiale, in cui il mio "sé" era embrionale e confuso, ancora nella ghianda. Alla base della "teoria della ghianda" di Hillman vi è l'idea che "ciascuna persona sia portatrice di un'unicità che chiede di essere vissuta e che è già presente prima di poter essere vissuta. [...] Noi nasciamo con un carattere; che è dato; che è un dono, come nella fiaba, delle fate madrine al momento della nascita".[18]

Dorina ha avuto fate madrine bizzarre: se la realtà della sua incarnazione le ha fatto incontrare due genitori, purtroppo inadeguati, così occupati dal negozio di alimentari da affidarla (quasi neonata) alla povertà della casa della nonna in un paesino dell'hinterland (dove tutti gli incontri si risolvevano nel perimetro dell'unica stanza cucina-camera da letto e dell'unica persona, una nonna di cui saprò pochissimo), l'altra realtà della sua "ghianda" a che ritmo poetico la consegnava? Quel suo sbattere le braccia come ali, il suo terrore della rottura, il panico della distruttività che cosa mi volevano dire al di là del protocollo anamnestico?

Madre, madre, quale zia maleducata
O quale cugina brutta e deforme
Hai stoltamente dimenticato
Di invitare al mio battesimo, che lei
Mi mandò al suo posto queste dame
Le teste come uova da rammendo che ciondolano
Annuendo, annuendo, ai piedi e al capo
E alla sinistra della mia culla?[19]

Come interpretare, come sentire in un altro modo la qualità della "ghianda" di Dorina se proprio un'immagine è stata la prima occasione di definizione della sua identità? Un quadro nel mio studio, un'immagine intensa, e una bambina di quattro anni che nell'immagine si coglie e si definisce: uno stupore si stampa nella memoria. Come è possibile? Il quadro rappresenta un bambino-ragazzino con una grande testa e un piccolo corpo rattrappito, vestito di grigio, con occhi inquieti e doloranti; attorno a lui figure di adulti – in grigio e nero – girate di spalle o con teste senza volto, "le teste come uova da rammendo". Dorina si ferma davanti al quadro con grande attenzione e pronuncia la sua prima parola indicando con il dito il bambino al centro dell'immagine: "Io".

Da quale interno abisso, da quale inferno empatico, da dove mai giunge alla crosta della terra quel pronome "io", quel suo dirsi, definirsi, nella prima parola detta? Se la comunicazione è legata alla percezione di sé come identità, quel dirsi a me di Dorina si compie attraverso l'immagine in cui si identifica, imprinting dell'angoscia di vivere. Una "ghianda" che arriva dalla stessa pianta d'artista che ha prodotto il quadro: la stessa angoscia, lo stesso ciondolare delle fate madrine.

E in quel momento accade qualcosa di misterioso: la bambina mi si avvicina; sono molto emozionata – mi ricordo – temo i gesti eppure li lascio andare e la abbraccio con delicatezza. Non fugge. Sta. Ferma come il bambino del quadro. Immobile. Guardando altrove. Mi è capitato anni dopo di leggere in un libro di Tustin una testimonianza che riporto come se fosse mia: "Di tutte le cose che Elly [piccola paziente dell'autrice] mi ha dato la più preziosa è questa fede... che, all'interno della più salda cittadella che abbia mai costruito, l'essere umano attende il suo assediante".[20]

La situazione di contenimento primario – tra il bagno e la cucina – aveva comunque permesso gesti fisici di accudimento, ma la prima volta della comunicazione simbolica nasce dal "noi" di quel dirmi "io", di quell'avermi atteso ed essersi lasciata abbracciare. La creatività che aveva mosso l'artista a rappresentarsi in quell'immagine (che Dorina riconosceva come segno della propria identità) nasceva da un nucleo di dolore che spezzava la crosta per dirsi, la stessa risonanza della poesia:

[...] giorno e notte, al mio capo, ai fianchi, ai piedi
Stanno e vegliano in abiti di pietra
I volti vuoti come il giorno in cui nacqui,
Le loro ombre lunghe nel sole calante
Che mai rifulge o tramonta
E questo è il regno dove mi hai condotto
Madre, madre. Ma nessuna mia smorfia
Tradirà quale compagnia frequento.[21]

Lo stato di allarme, di paura, di rabbia, i mille stati emotivi incapsulati nella corazza autistica di Dorina sono come parti di personalità non integrate, non differenziate, che hanno bisogno di vivere l'esperienza di essere tenute assieme, e al principio non possono farlo se non nel freddo, nella pietrificazione; il calore della pelle è precluso, la visione dei volti anche. "Volti vuoti come il giorno che nacqui... Stanno e vegliano in abiti di pietra."

Come avvicinarsi senza violare? Come accedere – oltre la cittadella assediata – al fuoco di una vita che a quattro anni si riconosce in un'immagine così profonda e inquieta? Secondo Tustin il bambino autistico dice "io" quando sente la speranza di poter riparare. Credo di aver fatto con Dorina questa esperienza, di aver vissuto con lei l'attimo del riconoscimento di un "sé" come ghianda per la prima volta sul terreno della speranza.

Winnicott dice che si tratta di bambini che hanno dovuto reagire troppo presto, come se avessero fatto l'esperienza di "'cadere all'infinito' per la mancanza di un'adeguata e concreta 'situazione di contenimento'".[22]

Il contenimento, la "pelle psicologica" (per usare una metafora efficace sempre di Tustin) che sostituisce la pietra, la "holding situation" non arriveranno mai a sanare fino in fondo, a riparare, a tenere al riparo la psiche da una distruttività che è anche manifestazione di una ferita troppo precocemente inferta, di una privazione totale i cui punti cardinali sono il vuoto e l'oscurità, il silenzio assordante e la solitudine come assenza di mondo al di fuori della cittadella assediata. E ciò che accade con un bambino piccolo prigioniero porta l'analista a sentire anche fisicamente il lutto in cui l'altro è immerso, a osare e a patire contemporaneamente (con misure protettive sempre al limite del crollo) perché qualcosa in noi – nella vita di tutti – ha subìto il rischio di morire. È sul terreno della morte che ci porta il bambino sofferente di una forma di autismo primario, ed è una morte che qualcosa-qualcuno in noi riconosce come vissuta. Non so esprimermi meglio: la discesa agli inferi è reale, il sentimento è esiliato; c'è una grandiosità in tutto questo, che ha a che fare con le esperienze estreme, una grandiosità che dovrebbe forse spingerci a ribaltare l'ottica con cui ci accostiamo alla sofferenza infantile. Non si tratta di ridimensionare, ma di accettare piuttosto la sfida all'assoluto che la situazione estrema porta con sé; così "forse vedremo i disturbi infantili non tanto come problemi evolutivi quanto piuttosto come emblemi rivelatori".[23]

Credo, nella riflessione di questa esperienza, di essere condotta come Hillman a vedere, con un coraggio terapeutico al limite della contemplazione – "il sintomo vuole essere contemplato, non solo analizzato" – il rovesciamento dei criteri con cui siamo stati addestrati a curare: "Voglio che vediamo il bambino che eravamo, l'adulto che siamo e i bambini che per qualche motivo richiedono le nostre cure in una luce che sposti la valenza da sciagura a benedizione o, se non proprio benedizione, almeno a sintomo di una vocazione".[24] È il senso del cammino di "cura contemplativa" che ho vissuto con Dorina: l'attenzione ai gesti, alle piccole mani, all'improvviso accendersi o spegnersi dello sguardo, come se ci si muovesse sul terreno dei primi mesi di vita; il "maternage" mi veniva naturale (l'ho ritrovato poi nell'accudimento con mia figlia neonata) ma quel pronome pronunciato – "io" – ci metteva di colpo sullo stesso piano, in una relazione tra persone grandi. Dorina mi indicava dov'era e dove avrei potuto raggiungerla, tra le teste come uova da rammendo delle fate madrine invidiose, se mi fossi allontanata dalle prescrizioni interpretative, se fossi stata una madre, non solo diversa dalla madre reale nell'accudimento sostitutivo che le era mancato, ma anche capace di accogliere la potenza simbolica del materno.

È così che la prima "svolta" ha inaugurato una possibilità di percezione diversa proprio del materno, una vocazione contemporaneamente al contenimento, alla "holding situation", e alla libertà creativa; o ancora al riconoscimento del limite e insieme alla sperimentazione grande dell'inconscio senza paura della distruttività e del dolore, o almeno sapendo di poterli sopportare, perché "in quanto eventi accidentali, il luogo dei sintomi non è anzitutto la malattia, bensì il destino".[25]

È stato il destino a decidere che dovesse finire?

La storia con Dorina si è impressa dentro di me ben oltre il tempo storico e la fine dei nostri incontri. Ho vissuto molto dolorosamente il "furto" operato dalla madre, quando si è rifiutata di far continuare alla bambina la terapia; è apparsa nel mondo mia figlia ed è scomparsa Dorina, l'altra "figlia". Forse la madre non ha potuto accettare che io avessi un bambino mio, forse è stata bloccata dall'invidia. Per mesi ho atteso una telefonata; arrivavano solo chiamate da una vicina di casa (che a volte aveva accompagnato la bambina alle sedute); mi diceva che Dorina stava accoccolata sulle scale di casa con il panierino dicendo "Lella, Lella" il giorno in cui solitamente veniva da me, pronta a una partenza che non ci sarebbe stata più. La vicina (mia coetanea con una figlia piccola) e sua madre erano per Dorina una famiglia sostitutiva positiva, in continuità terapeutica con me. Per molto tempo si sono occupate della bambina con grande disponibilità e generosità, e credo che siano dovuti a loro i rinforzi positivi della terapia anche quando questa è stata troncata. Mi sono interrogata infinite volte sulla storia, al punto da decidere che non avrei più lavorato privatamente con bambini, perché il potere dei genitori sulla continuità della terapia mi pareva troppo condizionante; in un servizio pubblico forse la relazione analitica sarebbe stata più protetta. La mia alleanza terapeutica con Dorina non era sostenuta dal padre, un uomo debole, sconfitto, anche se gentile a suo modo. E urtava contro le barriere autistiche della madre (che non era affiancata da nessun collega), una madre che alle prime parole della bambina era venuta da me dicendo "la Madonna mi ha fatto la grazia".

Probabilmente il mio desiderio di vita per Dorina (che nell'ultimo periodo era andato di pari passo con la mia gravidanza) non aveva considerato gli aspetti distruttivi della madre; avevo espulso da me la negatività e avevo lasciato che la vivesse tutta lei. Durante la gravidanza sentivo di dover proteggere la mia creatura che Dorina chiamava "il mio fratellino" anche dalle ombre analitiche; la bambina si era accorta della gravidanza prima che si vedesse crescere la pancia e aveva cominciato a inventare con i giochi, con gli oggetti a disposizione, la famiglia, sempre con un fratellino nuovo, fino a dare in seguito dei piccoli pugni affettuosi sulla mia pancia, mentre mi guardava con aria complice. Eravamo al culmine della creatività: la mia gravidanza e la gioia di Dorina nell'inventare parole-simbolo della relazione (come "bimbo-gamba", l'immagine del movimento e dell'autonomia del bambino ma anche dell'appartenenza della gamba al corpo) sembrava procedessero assieme. La bambina-uccellino tutta chiusa nella sua danza esorcistica contro il mondo si apriva alla realtà pur dentro un suo mondo fantastico, e accettava il "fratellino" trovandogli il nome di "Pinocchio", inventando su questo "Piocco" giochi, canzoni, scherzi, come se un'altra parte di sé avesse modo di venire al mondo. Holding situation e creatività: quando ci siamo salutate per l'estate (ai primi di settembre sarebbe nata mia figlia) eravamo ormai ben lontane dalla deriva dolorosa dell'autismo. Non potevamo sapere che sarebbe finita lì.

Ma distruttività e creatività finiscono mai? E quanto si intrecciano e vivono, quanto fanno parte del destino, al di là dei nostri progetti e desideri?

Come posso ammettere di avere tolto Dorina dall'antro mortifero dell'esilio autistico e della rabbia per riconsegnarla poi a un destino dove per lei ero scomparsa, come morta? Che cosa avrà significato tutto questo per lei? Freud dice che c'è qualcosa nell'ansia che protegge contro lo spavento e che ciò consiste nell'essere preparati. L'avrò preparata almeno un pochino? Tustin riferisce la frase di un suo piccolo paziente: "M'immagino che il piccolo abbia bisogno delle penne della mamma dopo essere nato per non sentirsi troppo spaventato".[26] Spero di averle cucito addosso un po' delle mie penne durante il tempo con lei, spero che abbia trovato il suo luogo "tra il qua e il là".

Ma dopo vent'anni sento – è la prima volta che ne parlo e che ne scrivo – che devo sapere di lei. È un'urgenza che profitta della stesura di queste pagine, anche se il pensiero va a una bambina, e non riesco a immaginare la giovane donna che deve essere diventata; ho paura di scoprire che è riprecipitata nel silenzio assediato eppure non posso fare a meno di iniziare la ricerca. A ritroso, attraverso conoscenze, recupero la comunicazione con la vicina di casa. E finalmente so. Dorina è rimasta una persona difficile, ma ha avuto un inserimento a tratti "normale"; finita la scuola dell'obbligo, è stata seguita da educatori fino a ottenere dei lavori (anche se precari) in un ufficio postale e come bidella. Ha – da sola – saputo provvedere a sé e ha saputo muoversi nel mondo e nella sua burocrazia. Poi il suo essere "tra il qua e il là" l'ha portata a sposarsi con un ragazzo marocchino, avvertendo i genitori a cose fatte. Ha avuto un bambino, ma non è riuscita a occuparsene e l'ha lasciato alla madre. Il padre è morto. Ora è di nuovo incinta, vive con il marito non si sa bene dove, in una condizione economica e psicosociale difficile. Che ne sarà di quell'immagine interna "io", dell'identità? Ho saputo anche che per una decina d'anni almeno ha continuato a parlare di me. Avrebbe potuto sviluppare meglio la sua "ghianda" in una situazione diversa? È inutile parlarne. Quello che appare – mi si dice – è una solitudine che cerca attraverso il corpo una conferma: ha avuto molte storie; diceva che le sarebbe piaciuto "fare la puttana", darsi per soldi, visto che fare l'amore le piaceva. Ha a che fare con il recupero dell'identità fisica che comunque c'era stato? E i suoi "traffici" con il mondo sono ancora modi per placare l'ansia che le faceva sbattere le braccia come un uccellino in cerca del volo, o è quanto ha potuto fare di sé, del suo *daimon,* della sua ricerca d'amore, così penosamente troncata? Vive un suo mondo, ha sue parole, a tratti è anche assurdamente felice. Qualcosa che non so l'ha condotta a un diverso destino, se non "da sciagura a benedizione" almeno fuori dall'esilio cupo e assediato, dentro un canale di acqua che scorre. Spero, che altro?

Buonanotte, dolce principe

> Buonanotte, dolce principe.
> E possa un volo d'angeli
> condurti al tuo riposo.
>
> WILLIAM SHAKESPEARE, *Amleto*[27]

L'ho visto entrare nello studio, l'aria altera e innocente di chi si porta addosso da sempre una bellezza fuori dal comune. Si è seduto davanti a me: "Voglio essere aiutato a vivere con dignità il momento della mia dipartita". Non era dicibile quella parola brutale, orrenda, che offende la bellezza, crudele nella sua nudità, che è "morte". "Dipartita" sembrava fare meno male. Mi sono sentita ghiacciare: era troppo chiedermi di esserci, di aiutarlo a vivere per morire, e poi quel tono fermo della voce, che diceva un pensiero tante volte pensato in solitudine prima di diventare possibile parola, e che al momento di essere detto diventava astratto, quasi meccanico, quasi una recita. E poi perché chiederlo proprio a me? Ma gli occhi grandi, bellissimi, nel viso già scavato dalla malattia, luccicavano e tremavano. Da subito è apparso il Principe e quel suo siglare le cartoline che mi ha poi mandato negli anni e le lettere scritte e anche quelle mai spedite ma comunicate – appunti per non perdere frammenti di vita e di sogni – con la lettera "P". Forse, chissà, tutto era sigillo della sua unicità. Così che quando è arrivato il suo momento – e se ne è andato come il Piccolo Principe lasciando l'impronta dei legami, dell'addomesticamento – non solo si è portato via la sua ricchezza, ma brandelli di conversazione, strati di anima cuciti assieme, tela preziosa e polvere di quattro anni di "lavoro" comune. Le sedute con P. mi lasciavano a volte sfinita, sconfitta, a volte lieve: "Perché mi succede" – diceva – "che la vita ancora mi sorprende. So bene la malattia, ma oggi sul Corso di Porta Romana c'era un vento leggero e un sole così bello che mi sono sentito vivo ed è stato bellissimo". Mi bastava accompagnarlo in quell'attimo di felicità per sentirmi ripagata di tutto il dolore che mi si aggrovigliava dentro quando lui non poteva mostrare il suo. Ho continuato per molto tempo a "essere emozione" al posto suo, fino a quando non gli è stato possibile prendersene carico e cura. Perché la Regina delle nevi era stata particolarmente crudele, feroce, nell'impossessarsi di lui: prima di portarlo lontano gli aveva dato quella bellezza rara che l'aveva in qualche modo sempre collocato altrove. Un po' distante dagli altri, estraniato, presenza eccessiva: forse anche questo essere "troppo" l'aveva costretto nella torre del castello, nel paese inaccessibile, lontano dalla promiscuità con i fratelli prima, con il mondo poi. Niente "lettone". Abbracci misurati come le parole e i sentimenti. Sesso a parte. L'incapsulamento aveva funzionato. Ma se forse si può vivere così – da giovani si è invulnerabili – così non si può morire: il non vissuto preme, quanto non è riuscito a farsi storia svanisce, e non si può non lasciare traccia, impronta, memoria di sé. Troppo dolore di insensatezza, di incompiuto, nascosto dentro quel nucleo irraggiungibile che una volta avevo osato nominare "autistico" – "Ah, e me lo dici così!" – un pugno chiuso a protezione di una morbidezza femminile pericolosa. Ma nei primi tempi della cura analitica sembrava che la malattia potesse essere se non sconfitta almeno allontanata: un "delirio di onnipotenza" in cui ero tentata di lasciarmi trasportare. L'energia che P. metteva nell'analisi, la forza psichica che mi imponeva di restituirgli, la vita anche reale che andava facendo, i suoi incontri che via via si muovevano nel mondo sempre più intricati di affettività, tutto era volto nella direzione del vivere, più che al pensiero di morire. L'impegno della prima seduta, la richiesta fattami, diventava "voglio vivere, ora, per quello che si può". Sembrava più semplice o perlomeno era la strada di tutti. Ma poiché ognuno è unico, in lui voleva dire incontrare il paese di ghiaccio dell'origine, la pietra gelata del castello della Regina delle nevi dove era stato portato, bambino, dopo che la scheggia dello specchio del diavolo gli era finita nell'occhio. E quell'altra conficcata nel cuore. E allora abbiamo dovuto cercare insieme quell'attimo di disattenzione, quel periferizzarsi delle emozioni nella distrazione della relazione primaria che forse si possono definire come nucleo autistico, forse in modo più poetico e magico – visto che vengono dalla fiaba – frammenti di male, schegge di male lanciate nel mondo.

Un male che era riuscito a conficcarsi invincibile nel corpo. Male silenzioso, vergognoso, nascosto, incomunicabile, da portare in segreto, per anni: qualcosa che raccontava a rovescio un tempo di vita in cui splendente di giovinezza viveva da immortale. Di quando la sfida veniva giocata nel segno della invulnerabilità, come se – in modo magico – il non coinvolgimento affettivo potesse proteggere anche il corpo dalle aggressioni del mondo, dalle invasioni indesiderate. Bisognava davvero rifare daccapo il percorso, imparare a tutelarsi quando era il caso e allo stesso tempo invece esserci e aprirsi alle emozioni, sapendo entrambi che il progetto non avrebbe mutato il destino, ma l'avrebbe fatto incontrare faccia a faccia. Come è stato poi, per tutto il lungo-breve tempo dell'ultimo anno.

Cara amica,

ti scrivo per dire quanto ogni giorno sia diverso dal giorno prima, a volte come la luce e l'ombra, e quale turbine di sensazioni e, grazie a Dio, di emozioni caratterizzi la mia vita... Esco ora pian pianino dall'azzeramento – del tempo senza difese della chemioterapia – che questa volta è stato inaspettatamente violento, durato parecchi giorni, così ra-

dicale e travolgente da ridurmi passivo e succube senza alcun conforto. La convalescenza è appena iniziata, tanto che non sempre ne sono certo, e passo da momenti di sconforto a eccitanti sensazioni di rinascita... Penso alla ricostruzione, penso alla mia vita dopo tutto questo, e ne provo a tratti gran spavento e una sensazione di invalicabilità. Ma già tra le pieghe percepisco un errore, ancora spero di veder passato qualcosa che – e sotto sotto me lo auguro – non passerà mai. E mi riferisco alla caratteristica generale di tutta questa "vicenda", alla violenza e totalità della percezione fisica/emotiva non filtrabile da atteggiamenti protettivi. Ed è questo forse che, pieno di spavento, mi auguro possa restarmi: un nuovo coraggio, libero da protezioni, nell'affrontare il gorgo pulsante della vita/morte. Man mano che scrivo mi sembra perdere di senso, allora emerge, la mia necessità di ridisegnare e stabilire, comprimere questo mio vissuto in frasi, sperando di poter identificare e nominare questo momento di spavento. Da una parte è vero che qualcosa sta cambiando e mi ritrovo a metà tra la fine non finita dei cicli di chemio e l'inizio di un periodo non più regolato da appuntamenti così precisi, destabilizzanti e annientanti quanto generosi ogni volta di una "nuova vita". Ma pensando allo scorrere tumultuoso della vita/morte mi domando che senso può avere cercare di definire un fluire in ogni sua parte. Ecco ciò che mi succede. Da una parte la netta percezione della potenza e della vitalità inarginabile, dello scorrere e fluire in continua mutazione di una vita che è un po' morte, di una morte che è anche vita. Che è come dire la mia "vita" ma anche quella di tutti. Il tutto di tutti. E dall'altra il tentativo, che ora vedo pieno di impazienza, di voler nominare e definire, per capire, per rassicurarmi davanti a un presente che sento pieno di incognite. E ancora mi soccorre e mi turba l'immagine di un fiume vorticoso ma certo nel procedere. Certezza di qualcosa che esiste senza dubitare della propria esistenza, della propria funzione e cammino e traiettoria. Lo scorrere di un fiume non ha prima e dopo, una sua parte è simile a un'altra, anche se in continua mutazione e continuamente diversa. Se una esiste esso stesso esiste. Se ha compiuto un percorso perché dubitare che l'acqua possa pro-

cedere oltre con uguale vigore e certezza? Contiene e sorregge. Potrà annodarsi, seccare o strabordare, ma certo non temere di sé. Io invece vivo in un terrore che è incertezza. Avrò la forza di andare oltre? Diverso da me stesso? Sarò in grado di riconoscermi, di essere all'altezza di me stesso? In grado di contenere, di contenermi? Ho paura del dolore e ugualmente della gioia. Del dolore fondo dolce e profondo che ti lascia stanco e vuoto. Ma vuoto perché solo (sperduto?) nell'universo delle emozioni? (Qualcuno potrebbe dire pieno?) Vivere è una scelta. E quando ti ci ritrovi non è che il primo passo. E quello definitivo? Non sei che all'inizio. O sei/è già iniziato?

Non so. Mi sembra sempre più incandescente la parola muta nel paese del ghiaccio. So solo che nell'ultimo anno quando andavo in ospedale da lui – con i guanti, la maschera e il camice sterile – mi sentivo come non mai parte con lui del progetto dell'universo. E avvicinandoci prudentemente (perché si trema dentro di fronte alla grandezza) al nucleo delle emozioni che percepivamo nella stanza sterilizzata (e fuori c'era un albero comunque e spesso il sole e il vento) era la poesia la mediatrice. È stato il linguaggio emozionato e contenuto della poesia a sostenerci, a permetterci di tornare all'infanzia come al luogo del "terribile" e del "meraviglioso", oltre le frasi e i ricordi, veri ma in qualche modo scontati. Bisognava inventare, creare il tempo interiore in cui adagiare il ricordo privato, dentro "il tutto di tutti". E ci ha aiutato la rêverie di Bertolucci, l'enigma, il mistero su cui ci spalanchiamo; e nella rêverie del poeta, P. ha ritrovato il brillare degli occhi dei suoi otto anni, lo sguardo nascosto e intenso del bambino che si emoziona davanti al cielo stellato:

Coricato nell'erba, tutti gli altri
vicini in pose diverse
che rompono la notte…
E parlano quieti,
o sembra a lui che non intende
le parole perché ha gli occhi fissi

alle stelle, la prima volta
da che è nato, con capacità
d'interrogarne il mistero: paurosa,
inebriante esperienza, non proibita
ai suoi otto anni già in via,
volgendo amaramente l'estate
oltre la metà,
d'avviarsi al loro finire. Così,
stando sull'erba, una
le mani allacciate alle ginocchia,
uno puntato col gomito a terra, un altro
a indolenzirsi la schiena appoggiandola
al tronco ruvido d'un tiglio
ormai senza profumo, e continuando
a discorrere in pace, non avvertono più
la presenza di lui che condussero
attraverso la notte chiudendolo
fra i propri corpi per proteggerlo.
Scaduto il tempo al limite
di perdizione
che tocca a chi sta sveglio oltre
i dodici rintocchi,
temeranno troppo
ammollite dalla rugiada
le sue ossa, ignorando,
per il buio in cui procedono uniti
nel ritorno, l'eccessivo lucore
che la contemplazione degli astri
ha lasciato sulle pupille ingenue.
[…]
Tu,
smozzicate le preghiere secondo
un rito personale
che non potrai abbandonare, aspetta,
aspetta da una rêverie la tua pace.[28]

È così davvero. La rêverie è luogo della pace per tutti. Ma anche il combattimento tra la morte e la vita è "il tutto di tutti", e quando ci si trova a non poterlo scansare, perché il percorso è obbligato, perché il castello della Regina delle nevi è l'unica meta implacabile davanti a noi, non c'è rifugio, non c'è consolazione né scampo. E ci si riconosce nel balbettare un linguaggio che non è della mente, che perde i contorni anche se le parole sono precise (per quanto possono esserlo), che inventa una creatività in qualche modo poetica dell'esistenza. Le parole che vengono a galla sono essenziali, ritmo e aritmia le segnano, come il cuore che fa quello che può, imperfetto, perché solo così può battere. La domanda che P. si fa, che mi fa, che fa a tutti perché "è il tutto di tutti", rimbalza nell'anima stremata: "Ce la farò nell'universo delle emozioni?".

E mi sento piccola, senza le scarpette rosse dell'inizio del viaggio della fiaba, nella sala ghiacciata del castello. Ma se siamo arrivati fin lì non c'è più modo di tornare indietro, non si può dire "preferisco rientrare nel bosco da cui sono venuta e tanti saluti". E anche se i piedi ballano da soli cercando inconsapevolmente l'uscita, gli occhi stanno fissi negli occhi dell'altro, e uno sguardo comune ci sostiene, un'immagine interiore che si forma tra noi. È stato a questo punto, credo, dopo questo tempo di cura, che quando ci siamo rivisti in studio gli ho proposto "la sabbia", come luogo delle immagini senza parola, come luogo comune in cui essere sostenuti dall'immagine. E nel "contenitore" della sabbiera le nostre povere presenze si sono riposate, ritrovate e contenute. Perché anche la bambina che cerca nel castello delle nevi il suo amico ha bisogno di essere contenuta per essere vera, per non perdersi nella filastrocca, per non smarrirsi nel racconto, e nella fiaba sono le lacrime a contenere e a sciogliere il danno. Noi abbiamo avuto anche il luogo privilegiato della "sabbiera",[29] il contenitore della materia "povera" – la sabbia – e delle immagini da inventare, da costruire, nello spazio "libero e protetto". Rivedo con emozione gli appunti presi mentre P. faceva davanti a me la prima volta il "gioco". Rivedo la scena: mi si stampano negli occhi i suoi movimenti seri, attenti, totalmente rispettoso dello strano "gioco" a cui l'avevo invitato. La sabbiera (piccola scatola, piccola cosa con il suo fondale azzurro, cinquanta per settanta di vita della fantasia, il bordo alto) e molti oggetti-simbolo (figure umane, animali, pietre, conchiglie, foglie) e il mondo che si forma tra le mani, che si racconta nell'immagine che crea. Scrivevo:

> Seduta di grande commozione e intensità. P. è immerso in uno sguardo pieno di rispetto. È un gioco molto serio. Ci pensa molto. Osserva molto la sabbiera e molto anche gli oggetti. Prende i legni secchi e li conficca nella sabbia. Altri li sdraia, li seppellisce. Accade nel centro destra e nel lato inferiore destro della sabbiera. Poi prende le perle di vetro azzurro. Fa una fila di perle sulla sinistra che va dal basso verso l'alto. Tocca poco la sabbia, con gentilezza all'inizio, poi si muove con maggiore confidenza. Prende una foglia accartocciata; sembra dapprima che la deponga a caso ma poi la colloca al centro dei legni conficcati. Mette a questo punto una macchina semisepolta tra le perle da una parte e i legni dall'altra. Sceglie una pietra, un quarzo, e lo mette a sinistra nella sabbiera oltre le perle azzurre. Sdraia il quarzo; da conficcato nella sabbia (come un palo) viene sdraiato orizzontale. Prende la farfalla d'argento e la mette accanto al quarzo: traccia con la farfalla dei segni sulla sabbia e la colloca definitivamente sotto il quarzo. Soffia per spostare la sabbia con soffi lievi nelle varie direzioni.

Mi sono accorta solo dopo mesi dalla sua morte che lì l'aveva raccontata, l'aveva potuta dire, pronunciare, attraverso i simboli scelti per l'immagine. Solo allora mi sono state chiare le sue parole scarne a commento: "Il quarzo è pietra e trascendenza; io sono la farfalla che va a morire. Lascio le impronte a sinistra. Quelle al centro sono le impronte del passato. A destra è la carcassa. A metà l'ambulanza mezza sotterrata". La vita appariva tutta intera, occupata nella centralità dalle impronte del passato e dal presente – accidentale e accidentato – dell'ambulanza, segno del tentativo di curare l'emergenza. Lucidamente sulla destra appariva la consapevolezza ridotta all'osso, l'osso dell'albero vivo diventato legno secco, e lo sguardo sul male ("l'incartocciarsi del-

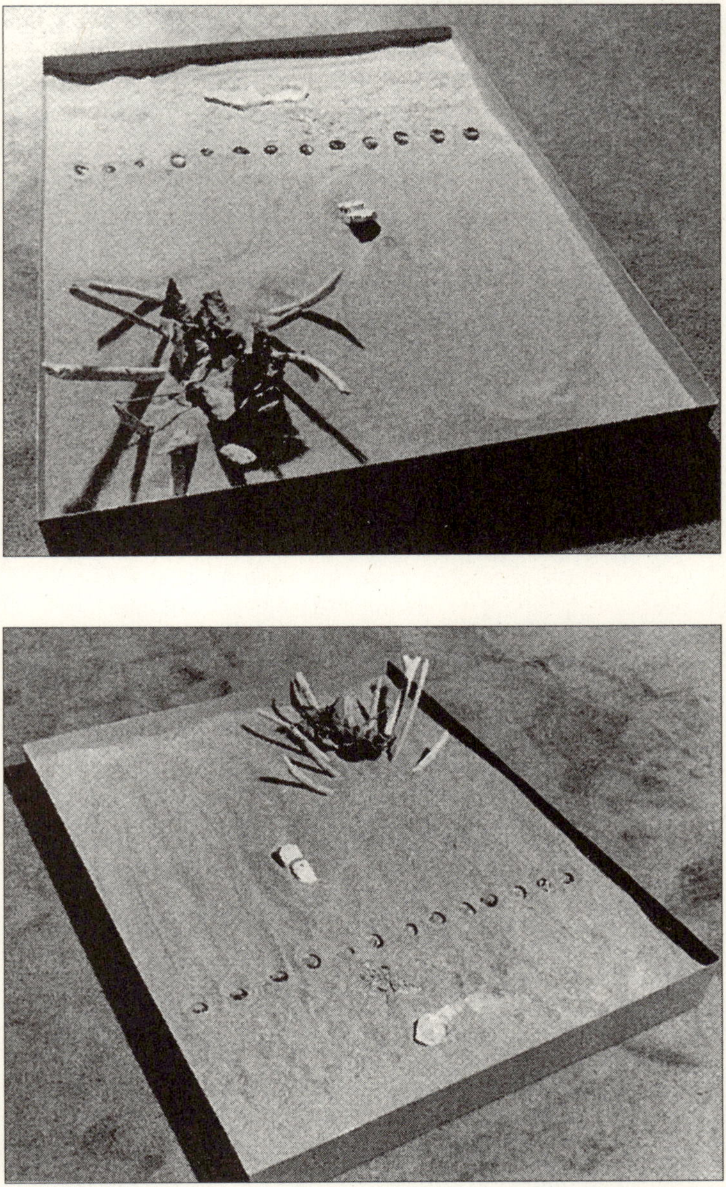

Figura 2 Immagini del gioco della sabbia di P.

la foglia" di Montale).[30] Era nell'inconscio, delimitato dallo sguardo limpido delle perle di vetro azzurro, che stava il futuro "quarzo-pietra-trascendenza"; nel movimento leggero della farfalla "che va a morire", lasciando sulla sabbia impronte lievi di passero, riconoscevo il percepire sussurrato della parola impronunciabile eppure detta: "Morire". E quel soffio d'anima, i suoi soffi lievi per spostare la sabbia, quasi un alitare vita – non l'ho visto fare da nessun altro – erano un modo per vivere, per essere presenza. Non è "lo Spirito che soffia dove vuole"? Era tutto detto nel segreto e nel silenzio della sabbia primordiale, sabbia della trascendenza ma anche materia dell'esistenza, polvere e tempo. Come quando riportando la frase di Quevedo "polvere sarò ma polvere innamorata"[31] mi aveva voluto salutare, siglando la cartolina come sempre: "Tuo P.".

E nella scrittura, nella memoria di qualcun altro, gli era possibile affermare l'orrore della scomparsa, le modalità concrete in cui si trattava la "materia corporea", e insieme la profondità del "contenere", il tentativo di non rimuovere né spirito né materia.

Cara amica,

da questa mattina ho percezioni di "perfezione", di pace, di una pace semplice. Mi è più facile così parlarti, pacato, di Stefano. Della sua morte nella camera accanto alla mia, durante il mio ultimo ricovero. Del fatto che lo conoscessi e ci si seguisse da qualche ricovero. Attraverso miglioramenti e peggioramenti. Lo conoscevo poco, molto più avevo immaginato mettendo insieme brevi racconti della moglie e dettagli notati nel quotidiano (oltretutto di una breve degenza, la mia). Avevo notato il suo semplice e chiaro attaccamento alla vita, fatto di oggetti, di borbottii contro le flebo, di simpatie e antipatie precise per un medico o per un infermiere, di appetito per dei cibi che io non conosco che in pubblicità. E di vari bagnoschiuma. Semplice! Non che lui fosse semplice e neanche speciale. Ma ho avuto l'impressione che fosse semplicemente… quello che era. Posso parlare di vuoto ora che è morto? Eppure non sai che dolore, che buco ancora adesso che ne scrivo mi si apre in petto (quel mio mediastino che stava per esplodere per degenerazione tumorale). In ospedale non ne volevamo parlare – della sua agonia – per difesa della privacy (sua) o della "paura" (mia, nostra). Ma io sapevo che stava male, avevo incontrato Ilaria, la moglie, mentre venivo ricoverato, non voleva turbarmi anche lei ma è scoppiata a piangere, "ho paura che questa volta non ce la faccia", non riconosceva più nessuno. "Ce la farà, ce la farà", l'ho abbracciata, "Stefano è un toro." Sapevo che era successo già altre volte, che lui, in barba a previsioni estreme, aveva ripreso le sue "bandane" colorate. (Portava spesso una bandana in testa a testimonianza di un suo aspetto tutto diverso da ora. Doveva essere stato molto bello, con un aspetto selvatico, gitano e un po' indiano. Portava i capelli lunghi.) E anche lei semplicemente lo amava. Dovevi sentire quale misto di amore, di passione, di dedizione passava ancora nei suoi racconti, e ora nelle sue lacrime. Durante tutta la mia degenza sono stato inquieto, continuamente pensavo a lui. Una sera ho chiesto a un'infermiera se potevo andarlo a trovare. Mi ha risposto "meglio di no". Il giorno dopo la stanza era vuota; avevano già eseguito quello che chiamavano "protocollo" di pulizia, una "disinfestazione" totale, anche il materasso era già stato portato via. Nel nitore generale solo due sacchetti di plastica con dei flaconi, di medicine? La stanza era bella, sul giardino, inondata dal sole. Mi sono ritirato nella mia senza aver avuto conferma di ciò che era successo. Sono tornato alla carica più tardi, mi hanno detto: "Stefano è deceduto all'una di notte. Ora è alla camera ardente". Mi ricordo che mi ha stupito il termine "deceduto". Mi ero domandato quale avrebbero usato, ero piuttosto pronto a "Stefano non ce l'ha fatta", ma in fondo l'infermiera non poteva saperlo. Sono tornato nella camera, c'erano ancora i due sacchetti, per fortuna non erano di medicine ma KinderBrioss e bagnoschiuma Badedas (ne aveva una quantità), i suoi effetti personali che Ilaria non era ancora passata a ritirare. Sono stato grato di quel ritardo, era il mio modo di poterlo salutare, di poter fissare una memoria, in tutto quel nitore e in quella dolorosa riservatezza. Per un momento ho addirittura pensato di prendere qualcosa. In fondo la memoria delle persone che non ci sono più passa attraverso gli oggetti e la memoria-testimonianza. Comunque in quel momento di dolore, così fitto da domandarmene il perché, sentivo che quegli oggetti stipati in sacchetti di plastica erano ciò che mi restava di lui, la mia unica possibilità di poterlo seppellire. In reparto l'avevano già fatto, con quella pulizia avevano già disperso le sue ceneri e si preparavano ad accogliere le speranze di un altro ammalato. Anche loro, a modo loro, semplicemente. Ero io che ancora una volta mi ponevo la domanda "sarò in grado di contenere tutto questo?". Chi ha fatto la scelta di non filtrare la sua emotività non sempre è riuscito a reggere in equilibrio quel carico. E qualcuno ce la fa. Penso a tanti poeti, al tuo Bertolucci, quello della "rêverie", la nostra "rêverie". Ora sono qui sotto il tuo studio, di passaggio a Milano per alcuni esami prima di tornare in campagna fino alla fine di agosto; termino in fretta queste mie pagine lasciando questa scommessa aperta, ancora una volta mettendola nelle tue mani. Tu che ai miei occhi e al mio cuore riesci a "contenere tutto questo".

Sempre con gratitudine, tuo P.

La sentenza che ora tu sai
nulla di nuovo aggiunge a quanto
già doveva esserti noto da sempre:
tutto è scritto. Di nuovo
è appena un fatto di calendario.

Eppure è l'evento che tutto muta
e di altra natura
si fanno le cose e i giorni.

Subito senti il tempo franarti
tra le mani: l'ultimo
tempo, quando
non vedrai più questi colori
e il sole, né con gli amici
ti troverai a sera…

Dunque, per quanto ancora?[32]

La nostra "rêverie" mi faceva veggente, e mentre vedevo con lui quanto era accaduto nella stanza accanto alla sua, quella notte (e la visione abbracciava i sacchetti di plastica con il Badedas e tutto quanto), vedevo il suo pensiero inespresso sugli oggetti che lui avrebbe lasciato, sulla memoria-testimonianza come "possibilità di seppellire". E la rêverie era anche il tempo sospeso tra noi e al di là di noi, il tempo della contemplazione, la visione inconscia ci racconta senza che riusciamo nemmeno ad afferrarla, per tradurla più o meno in parole, era il tempo di un'attesa, "aspetta da una rêverie la tua pace".

Sarò davvero riuscita a contenere, per lui e per me, l'immensità che mi metteva nelle mani? Sarò stata all'altezza del compito impossibile imposto dalla sua violenta e gentile gratitudine? So che nell'ultimo tempo – avvicinandosi il luogo dell'infinito, il luogo del finito, del "per sempre" – la richiesta esplicita, diretta di P. non era più "voglio vivere con dignità la mia dipartita", ma "voglio fare della mia morte un atto creativo". Ma come si fa senza cadere nell'onnipotenza? Creatività e conoscenza di sé forse a questo punto sono la stessa cosa, un'intuizione, non mentale, di poter stare nella regione del negativo senza annullare la vita. Ma anche senza illusioni. Sono costretta con P. dentro il paradosso e la contraddizione totale: devo stare, non certo interpretare difensivamente la sua domanda; devo essere umanamente portata sul limite dell'abisso e attivare dentro di me, perché lui possa creare, una qualità materna, un femminile a mia volta creativo, di contenimento amoroso, di sentimento che non inganna, che non consola, ma che è forte nella presenza. Non si può fuggire davanti al male, ma inventare, creare spazi. Il male non è annullato, ma anche lo "Spirito che soffia dove vuole" è una realtà – come il fiato di vento sulla sabbia – un'esperienza di energia che ci attraversa, forse quella che Jung chiamava "trascendente" o ricerca del "sé" come identità totalmente individuale, ma anche transpersonale, che va al di là dell'io. L'energia è una qualità d'amore da cui siamo avvolti, attraversati; non sappiamo da dove arriva in fondo, ci ritroviamo ad averla, prodotto forse della nostra storia passata, ponte verso il futuro, ma soprattutto si manifesta "ora e qui". L'attimo creativo è nell'esserci e contemporaneamente nel fissare la memoria, come P. scrive nella sua lettera, grati dei piccoli gesti, e la creatività a questo punto coincide totalmente con la conoscenza. È forse l'esperienza dell'energia di cui scrive Ildegarda di Bingen quando comunica un suo pensiero-emozione sulla contemplazione:

> Ma la luce che io contemplo non ha luogo, ma è lontana e di gran lunga più lontana della nuvola che porta il sole. Io non posso in alcun modo conoscerne la forma, come non posso contemplare nella sua compiutezza il disco del sole. Ma in questa luce io vedo talvolta, anche se non di frequente, un'altra luce che io so avere il nome di luce vivente, e quando e in che modo io la vedo non so dire. E quando la contemplo si dipartono da me, come a me strappate, ogni tristezza e ogni miseria, così che io allora mi sento un'ingenua ragazzetta e non una vecchia.[33]

L'esperienza dell'analisi ci porta fino al confine ma qui si arresta; non entra nella terra del mistero della vita e della morte, nella terra del destino. In punta di piedi attiva forse, o meglio riconosce, la presenza di un'energia che sa dire "non so", come fa Ildegarda di Bingen, o come suggerisce il Talmud: "Insegna alla tua lingua a dire 'non so' perché non ti tocchi di essere preso per mentitore".[34]

Nell'immensità del "non so" so solo quello che – senza deciderlo – mi è accaduto di fare/essere: la dimensione contemplativa che poteva aiutarmi a reggere l'urgenza dell'interiorità, la trasformazione (anche di quel suo corpo sempre più smagrito, di quegli occhi sempre più grandi) trovava un'opportunità di manifestarsi nel linguaggio della poesia. Pochi incontri in studio, dove P. voleva raggiungermi, e le scale salite a piedi, e il cappotto pesante, e poi lunghe telefonate, e la richiesta di sostenere la paura, la speranza, la dolcezza, la disperazione, l'intensità, senza sbarre di protezione, di difesa. Questa volta la parola "morte" era tra noi, nominata, come la parola "creatività", e si trattava di farcela a non fuggirle. Eravamo nel territorio della Regina delle nevi, ma il ghiaccio attorno al cuore si era sciolto. E nella immensità dello spazio che si apriva si vedeva l'enigma risolversi da sé come nella fiaba, non per una nostra bravura o capacità, ma perché non poteva essere che così. Come mi aveva scritto, semplicemente. Tutta la vita a cercare di capire, di spiegare, e invece l'evento si impone da sé, in una semplicità scabra. Ho inventato per lui il tempo di contemplazione; ho cominciato leggendogli quei versi che potevano aiutarlo a esserci, come voleva lui, nel passaggio. Ho cercato per lui la preghiera della poesia. E alla fine erano solo le nostre voci a incontrarsi, perché voleva piangere anche e segretamente:

> A un tratto il messo era comparso, come
> un nuovo giunto, immerso nel tumulto
> della festa di nozze, fra la gente.
> Ed essi, i bevitori, non sentirono
> il dio dal chiuso andare, che portava
> la sua divinità come un mantello
> umido, e parve loro uno dei tanti
> mentre passava. Ma improvvisamente
> vide in mezzo ai discorsi uno degli ospiti
> a capo della tavola lo sposo
> come non più giacente, ma rapito
> in alto, rispecchiare dal profondo
> un'ombra estranea che paurosamente
> gli si volgeva... E subito fu chiaro,
> fu calma, solo con un resto a terra
> di torbido rumore, un gorgogliare
> di balbettii cadenti, già corrotti,
> di sorde risa trattenute. Allora
> riconobbero il dio, l'agile dio,
> che stava, pieno della sua missione,
> implacabile, – e quasi si comprese.
> Pure, quando fu detto, parve più

d'ogni scienza, non cosa da comprendere.
Deve morire Admeto. Quando? Adesso.

Ma egli ruppe la scorza del dolore
in pezzi e ne distese alte le mani,
come per trattenere il dio fuggente.
Anni chiedeva, solo un anno ancora
di giovinezza, mesi, pochi giorni,
ah, non giorni, ma notti, una soltanto,
una notte, questa notte: questa.
Il dio negava. Gridò allora Admeto,
gridò vani richiami a lui, gridò,
come gridò sua madre al nascimento.[35]

Rilke ci spingeva sul limitare da dove si scorge, da dove appare la visione, la nascita della morte. Ed è il grido, è il no, è l'implorazione alla vita "solo una notte, questa notte: questa". E quando la giovane sposa si offre alla morte al posto di Admeto e scende nell'Ade con la promessa del ritorno nel sorriso, finalmente era P., era il suo femminile libero dagli inganni, la sua grazia e bellezza che riconosceva il senso del sacrificio e poteva – come in sogno – indicare una strada:

Allora tacque, e chi venne fu lei,
esile forse più di prima, e lieve
e mesta nella sua veste nuziale.
Gli altri non sono che la strada a lei
che viene, viene… (e subito sarà
tra le braccia che s'aprono al dolore).
Ma Admeto attende ed ella non a lui
si volge. Parla al dio che la comprende,
e tutti la comprendono nel dio.

Nessuno è a lui compenso. Io solamente.
Io lo sono. Perché nessuno è al fine
come me.
[…]
Come la brezza che si leva al largo,
il dio s'avvicinò, quasi a una morta
e fu lontano subito dall'uomo
a cui in un breve gesto egli donava

tutte le cento vite della terra.
Admeto, vacillante, li rincorse
per aggrapparsi, come in sogno. E loro
erano già dove le donne in pianto
gremivano l'uscita. Ma una volta
ancora egli le vide il viso, indietro
rivolto, in un sorriso chiaro come
una speranza, una promessa: a lui
tornare adulta dalla cupa morte,
a lui vivente…
Allora egli le mani
premette sulla fronte, inginocchiato,
per non vedere più che quel sorriso.[36]

Nella contemplazione e nella visione di quel sorriso femminile-maschile, impronta di mistero, e ancora rêverie sospesa tra il limite della storia e l'infinito della psiche, ci siamo lasciati. Una serata tranquilla, era a cena con persone care, al telefono "ci sentiamo domani mattina".

Frammenti di psicoterapia[37]

La fata Smemorina

Quando Viola viene da me per la prima volta, accompagnata dalla mamma, ha dieci anni ed è un fiume in piena: snocciola tutte le sue paure senza fermarsi, e sono tante, tutte dominate dalla morte. Non può dormire, Viola, se non nel letto della mamma, avvinghiata a lei, con le coperte sopra la testa. Ha paura dei fantasmi, delle persone che girano di notte, "presenze" misteriose nella casa, sta sveglia a controllare, non si può addormentare perché, finché è all'erta, non succede niente. E poi – dice – il fratellino di sei anni l'ha "contagiata" ora con la paura di Gesù, visto alla processione a Bari il Venerdì santo. Viola ha i grandi occhi sbarrati mentre racconta, eppure insieme ha lampi di stupita allegria. Siamo ad aprile e il terrore le si è impresso dentro a dicembre, vedendo a casa di un'amichetta un film sui fantasmi. Ma, mentre la sua amica si divertiva, Viola si paralizzava dalla paura che poi ha dilagato ovunque nei giorni seguenti.

Durante la telefonata per fissare l'appuntamento, la mamma di Viola mi aveva parlato di un trauma molto grave vissuto dalla bambina quattro anni prima. Ma lei non me ne fa cenno; è ferma, bloccata su un "oggi" carico di angosce e fantasmi in agguato, e mentre racconta perlustra gli angoli della stanza come se ovunque ci fossero tracce di "fantasmi", le trova anche in una fotografia per nulla inquietante, bella ma strana, un volto dietro il vetro di una finestra. Come se la sua mente vorticasse alla ricerca di sempre nuove indicazioni di paure da attivare.

Parla velocissima tutto il tempo; solo alla fine c'è qualche minuto per avvicinarci alla sabbiera; davanti all'armadio aperto delle figurine chiedo a Viola se c'è qualcosa che esprime la sua angoscia, e lei trova la sua, la prende e la seppellisce nella sabbia asciutta. È una riproduzione del famoso *Urlo* di Munch, che Viola non conosce, ma che intuisce come una cosa sua, un urlo che le appartiene.

E poi arriva, in un altro incontro, il momento del racconto del trauma:

> Avevo sei anni, ero in montagna con il papà a sciare, la mamma a Bari perché doveva nascere il fratellino; noi eravamo in corriera; era buio, la vacanza era finita, andavamo a prendere il treno, io dormivo. Mi sono svegliata con la giacca bianca piena di sangue. Il papà ferito alle gambe, attorno tutti che urlavano, una signora davanti a me con le gambe tagliate: la corriera era caduta in un burrone. Ci sono venuti a salvare, il papà in un ospedale io in un altro, ma mi hanno lasciato uscire perché non mi ero fatta tanto male, e mi hanno portato a casa loro lì vicino degli amici di famiglia.

Viola racconta, chissà quante volte l'ha fatto, ma con una domanda: "In tutti questi anni non ci ho mai pensato, perché adesso? E poi la cosa che mi dispiace di più è che ho perso il mio golf bianco, era un golf bellissimo. Ma non avevo paura dei misteri. La paura mi è venuta a dicembre con il film sui fantasmi!".

Le propongo di mostrarmi nella sabbia la paura: nella sabbia bagnata fa una montagna e sulla cima mette un lupo, in basso a sinistra un mago, una strega, una roccia, nascosto sotto la sabbia l'*Urlo* di Munch accanto all'immagine della morte con la falce; in alto a destra la scena del papà nel lettino d'ospedale; accanto si mette lei nelle vesti di una bambina che gli ha portato dei fiori. Le chiedo che cosa le fa più paura, mi risponde in modo sorprendente: la solitudine.

Viola prosegue il gioco nella sabbiera asciutta: a sinistra mette il mondo che le piace e che la rassicura: e sono fate, principesse, sirenetta, cavallo alato, tutti i personaggi delle fiabe con cui cerca di farsi compagnia per combattere i pensieri cattivi. Sulla destra il lettino della mamma in ospedale con il fratellino in braccio. Il mondo si ricompone: lei è accanto alla mamma, l'incidente è passato, la vita continua. Sposta diverse figurine, le accompagna. Penso di farle sce-

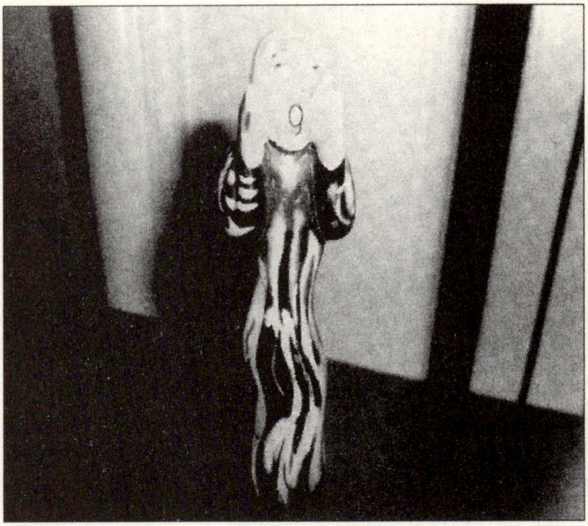

Figura 3 Figurina che riproduce *L'urlo* di Edvard Munch.

gliere una figurina: la porterà a casa, la metterà accanto a sé quando andrà a dormire: forse una principessa, no, lei sceglie la fata bizzarra, la "Smemorina", quella che aiuta Cenerentola a trasformarsi in principessa per il ballo, con la zucca che diventa carrozza, e i topini dei destrieri. La sceglie – dice – perché è morbida e buona.

Nell'ultima seduta mi comunica che la fata Smemorina l'aiuta molto a addormentarsi. La maggior parte delle paure sono sullo sfondo. Ma sono il sentimento feroce della solitudine, lo stare all'erta, il tentativo di mettersi al riparo davanti alla paura dell'estremo, la morte vissuti e incistati in lei come trauma, che ora riappaiono; un vissuto di morte che la paura dei fantasmi mette crudelmente in luce, quasi alla lettera.

Viola decide di raccontare nell'ultimo incontro il mondo degli animali; li sistema tutti a coppie: è interessante che la coppia in primo piano sia fatta da un topino nero e dal suo equivalente bianco, un piccolo fantasma di topino.

In evidenza sulla destra la scena di lei in veste di sirenetta con il papà che suona la chitarra. "In realtà papà non suona ed è anche un po' stonato, sono io che canto, a me piace la musica."

Pochi incontri, mirati a dare parola-sabbia al "fantasma" del trauma, per dare voce e canto alla vita che continua, una piccola bella persona, Viola, con una folla di pensieri e di parole, già competente nei sentimenti come qualcuno che ha vissuto il dolore, ma con il bisogno ancora di essere una bambina, di appoggiarsi alla fantasia, alla fata Smemorina che ha scelto per sé, per proteggersi dalla solitudine della cenere e trasformarsi.

E infine arriva un'ultima volta e comunica: "Non ho più paura, nessuna" e soppesa l'*Urlo* di Munch, soddisfatta; decide di mettere nella sabbia la figura di una strega e mi dice: "È solo una statua, la metto lì, e i cani le vanno attorno a fare la cacca".

Nell'altra sabbiera accanto racconta la famiglia: ci sono ancora alcuni simboli usati un'altra volta, in particolare il fantasmino che questa volta la bambina (lei) tiene in braccio come gioco. Ci sono mamma, papà, i fratelli, la chitarra per fare la musica, il gatto, e un laghetto con la coppia del cigno e dell'anatra. Un mondo rasserenato, mentre la statua del male dall'altra parte non incombe più, semmai ci penserà la cacca dei cani a rovesciarne il senso.

Il bambino delle stelle

Alice ha undici anni, una bellezza antica, silenziosa, assorta. È guardinga quando arriva allo studio, si potrà fidare di me? Viene da un paese emiliano. La accompagnano la mamma e la nonna materna. Ho avuto, quasi trent'anni prima, degli incontri con la sua mamma bambina, Aldina, incontri che non ho mai dimenticato. E quando Aldina mi telefona per dirmi di Alice, tutto torna vividamente alla memoria. Alice è quasi la copia della mamma da bambina, non solo per le tracce sul volto, ma per l'atteggiamento al tempo stesso schivo e determinato, serio, diffidente ma curioso. Quando l'avevo incontrata per la prima volta, Aldina aveva più o meno la stessa età di Alice, soffriva di angosce notturne molto forti che si erano intensificate nel tempo. Quando aveva cinque anni era nato un fratellino, morto dopo pochi giorni, una morte inspiegabile, dimesso dall'ospedale sanissimo, una "morte in culla", improvvisa, che aveva precipitato la famiglia nella tragedia.

Aldina era stata protetta, per quanto possibile. Ma in lei l'impronta della morte si era quasi incistata nel modo più radicale, trovando la strada per manifestarsi solo anni dopo, apparentemente dal nulla. Non poteva dormire, Aldina, non poteva lasciarsi andare al sonno, troppo pericoloso; così era stato per il neonato, e se fosse successo a lei? Nessuna parola poteva bastare, non pensavo di dare interpretazioni.

A quei tempi non praticavo il gioco della sabbia: avevamo parlato, disegnato, raccontato, ma soprattutto avevo trovato un modo per lasciarla in compagnia di un oggetto transizionale buono: visto il grande rapporto affettivo ed emotivo con il padre, le avevo proposto di portarmi un fazzoletto con un profumo che usava il papà e l'avevamo messo al collo del bambolotto con cui andava a dormire. Da quella notte Aldina aveva dormito, tranquilla.

Ora la stessa angoscia notturna si ripresentava nella sua bambina; all'origine delle notti insonni, placate solo dalla possibilità di dormire nel letto della mamma, la morte del piccolo cane di uno zio, fratello del padre. Alice ha una grande passione e una particolare intesa con gli animali, saprò più tardi che passa il sabato pomeriggio al canile pubblico a occuparsi dei cani abbandonati. Alice non fa scene isteriche, piange quietamente, solo semplicemente non dorme fino a quando non raggiunge il letto della mamma. A volte, è capitato che la mamma la portasse con sé al lavoro. Anche il lavoro di Aldina è particolare, tra stelle e galassie, in un osservatorio astronomico, il suo sogno da bambina, una passione coltivata con il padre e cresciuta poi da adulta, ma forse anche il desiderio di essere lassù, dove le dicevano a cinque anni che se ne era andato il suo fratellino. Una specie di consapevolezza inconscia della pioggia di stelle di una notte di San Lorenzo:

> […] io lo so perché tanto
> di stelle per l'aria tranquilla
> arde e cade, perché sì gran pianto
> nel concavo cielo sfavilla.[38]

Una presenza inquieta, indicibile e lancinante, che passa da una generazione all'altra, senza parole, senza spiegazioni. Non c'è un racconto, una narrazione che trascorre di madre in figlia, che rende visibile l'invisibile. Eppure una memoria si deve essere depositata nell'inconscio di Alice. E le ha lasciato un buco di angoscia avvitata sul terrore della morte, un perdersi improvviso, prima c'era un'esistenza e poi non c'è più, come si fa a sopportarlo? È la stessa angoscia di morte che attanaglia da adulti, ma in Alice buca precocemente la barriera transgenerazionale e le sta addosso, con il buio della notte.

Fissa la morte: costellazione
lugubre che in un cielo nero brilla:
breve parola, chiara visione:
leggi, o pupilla.

Non puoi. Così, se fissi mai l'immoto
astro nei cieli solitari ardente,
se guardi il sole, occhio, che vedi? Un vòto
vortice, un niente.[39]

Al telefono con Aldina, prima di vedere Alice, ho l'immagine che torna a me da un altro mondo, e l'intuizione mi fa chiedere se la sua bambina sappia qualcosa del passato, del "bambino delle stelle". No. Aldina non ricorda di avergliene mai parlato. E non ci sono immagini, il neonato era troppo piccolo, un puntino dell'universo, senza traccia.

Mi preparo all'incontro con Alice: ho cura che le due sabbiere siano pronte per lei; guardo tra gli oggetti della stanza e mi lascio andare a immaginare che cosa potrà scegliere. Abbiamo deciso con la mamma di vederci per pochi incontri, esplorativi in qualche modo, vista la distanza tra Milano e il paese sull'Appennino. Avrei cercato qualcuno più vicino a loro, ma Aldina aveva conservato in sé il ricordo dell'incontro di tanti anni prima, e nell'affidarmi la sua bambina mi chiedeva di aiutarla ancora una volta.

Sì, potevo farlo, per quanto fosse anomalo – esiste forse qualcosa che non lo sia nell'incontro terapeutico? –, ma quali erano le attese di Alice? Avrei accolto le sue richieste timide, il suo sguardo silenzioso, intinto nella vergogna di non saper dominare la paura della notte, del buio, di creare problemi con richieste inappropriate all'apparenza per la sua età, con domande inespresse a cui dare forma e voce.

Quando entra nella stanza, da sola, si dirige subito alla sabbiera bagnata e con mosse rapide e precise fa nascere dalle mani una figura. A mano a mano nasce una creatura, neonato o feto, creatura tra l'umano e il soprannaturale, tra il finito e una forma ancora da finire, una specie di E.T. Ci mette gli occhi, due vetri azzurri, e poi va a sedersi sulla poltrona di fronte a me. Aveva messo sul piatto della sabbiera, tra noi, il suo mistero. Mi colpisce innanzitutto la radicalità dell'esperienza che faceva precipitare tra noi e il suo piccolo E.T. Ecco, davanti ai nostri occhi, materializzarsi la paura del bambino della notte, il terrore della perdita, dell'abbandono, in una parola secca, della MORTE, che impediva a Alice di addormentarsi, che la teneva sempre all'erta. Fino a quando non si fosse addormentata e avesse tenuto i suoi sensi all'erta, non solo nessuno avrebbe potuto fare del male alla mamma, ma lei, proprio lei, avrebbe potuto controllare la vita e la morte.

Le parlo, decido di farlo, è lei che mi ha messo sulla traccia, che me lo chiede con l'immagine della sabbia: *cold case*, un caso da far rivivere, non archiviabile. Le dico dell'esistenza del piccolo fratellino della mamma morto appena nato. Con mia sorpresa Alice dice "lo so". Ha sigillato nella memoria una frase, ascoltata molto tempo prima, che la mamma non ricordava di aver detto (potrebbe aver sentito una conversazione tra adulti? Forse tra la nonna e la mamma? Sono molti i ricordi traumatici di frasi captate tra una stanza e l'altra che entrano nella memoria infantile). Nel ricordo emergeva un "fantasma" di questo bambino sconosciuto e perduto; non c'era stato un racconto compiuto, solo un accenno che Aldina aveva dimenticato, o rimosso, ma che in Alice aveva scavato una memoria transgenerazionale, una tana dove collocare la sua paura misteriosa insieme alla paura della sua mamma bambina, una paura che ancora libera passeggia tra loro, tra un inconscio e l'altro, un fantasma transgenerazionale che costella il non detto.

Chiedo a Alice di poterne parlare anche con la mamma, e così c'è una seduta a tre in cui il bambino morto in culla, il neonato informe della sabbia, diventa una persona, viene detto il suo nome. Nominarlo vuol dire farlo uscire dal buio in cui era precipitato, farlo vivere in una memoria condivisa, fuori da una condanna iscritta nel destino, come scrive Baranes quando parla della realtà inconscia transgenerazionale

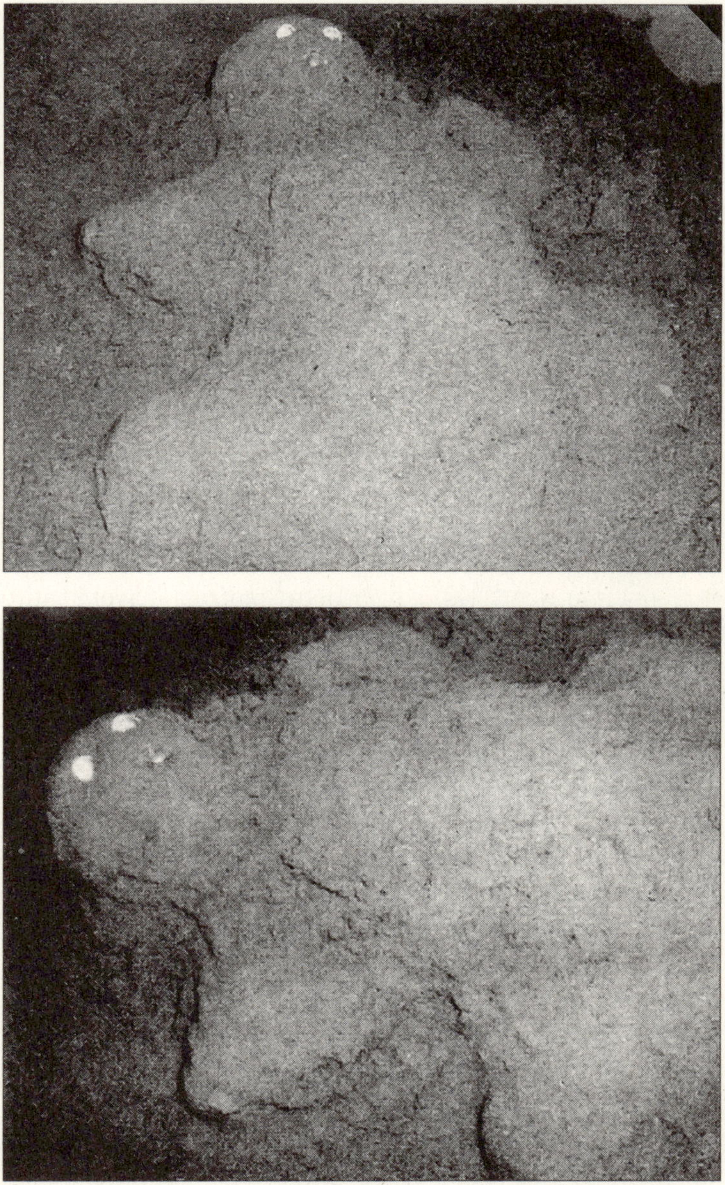

Figura 4 L'E.T. creato da Alice durante il gioco della sabbia.

come qualcosa "che passa senza trasformazioni da una generazione all'altra, deposito o diniego, piuttosto che anello che lega ogni generazione a quella che l'ha preceduta e a quella che le succederà".[40]

Il "deposito di negatività" non può essere sciolto in una narrazione, in un lutto praticabile, di forma umana per quanto così difficile da accettare. Sto davanti a loro, alla mamma che con semplicità trova le parole per dire qualcosa che ancora, a distanza di tanti anni dal nostro incontro con lei bambina, ci emoziona e porta sulla scena della relazione il fantasma di un *imprinting* che deve attraversare molte vite per essere anello che lega le generazioni. Quella tra Aldina e sua figlia, ma in qualche modo anche un sigillo della comunicazione tra me e Aldina bambina, il suo affidarsi allora, e riaffidarsi oggi, per portare a compimento il lavoro del lutto, farlo tornare alla parola, eppure mantenendo il mistero inafferrabile del mondo invisibile di chi se n'è andato prima di noi.

Nel lavoro analitico si rintraccia uno degli assunti di base della teoria transgenerazionale, che porta sul terreno misterioso dell'inconscio quello che va oltre "i fatti" e conduce a vivere dentro di sé la relazione con la sofferenza dell'altro, con quanto c'è di "resto" nelle vite che ci hanno preceduto. Di colpo mi torna alla mente la morte del piccolo fratello sconosciuto di mia mamma, di cui non si è mai parlato, senza immagini che lo ricordino. Tutti i morti bambini, inespressi, di cui non c'è traccia, quale deposito, residuo, immagine senza parola e senza volto, fantasma ci hanno lasciato? E quanto dura il lutto, e dove va quando il tempo è consumato, dove va a finire?

È Attilio Bertolucci che scrive in questi versi il ricordo di una sorellina sconosciuta, morta prima che lui nascesse, che sono una preghiera per tutti i nostri lutti misteriosi dei bambini perduti.

Il dolore
per la morte della bambina Elsa
durò, durò oltre i cancelli bruni

dell'autunno, le imposte soleggiate
d'un inverno sfacentesi su viole
nate troppo presto, oltre gli occhi
assopiti fra primavera e estate.
Non era proprio dolore, ma voglia
di parlarne, di ricordarne i capelli
o le guance, o le gambe: non ti lasciava
mai, s'intrometteva nei discorsi
all'improvviso, e si perdeva, poi
riprendeva.[41]

La sabbia del piccolo E.T. è una forma archetipica che riassume tante vite, tante storie, tanti "resti" insepolti. Mi accompagna in altri cammini, sconosciuti. C'è un'intensità nella stanza dell'analisi, un vibrare carico di emozione nella sabbiera, che coprirò ma lascerò per giorni intatta nella stanza, come se fosse un modo per aiutare ad andarsene l'insepolto di Aldina e di Alice e chissà quale "resto" anche dentro la mia vita, quale "deposito".

Non ci saranno miracoli automatici, immediati, dopo questo incontro, nella vita di Alice. Avrà bisogno di tempo per sentirsi più tranquilla, ma non molto. Sappiamo tutti che il fatto importante è di essere stata presa sul serio. Quando le parlo della morte del bambino che il suo inconscio le ha fatto rappresentare nella sabbia, quando la mamma dice il suo nome, Alice ha uno sguardo fermo, intenso. Ci siamo capite. Le parole hanno un peso, sanno, dicono una verità praticabile. La morte esiste, non si parla di "scomparsi" in generale ma di vite che si trasformano in "altro" e che vanno riconosciute.

Nell'incontro successivo Alice racconta – a questo punto si fida – degli animali di cui ha cura, con molta competenza. La morte del cane dello zio, fratello del padre, un padre a cui è molto legata, è all'origine del sintomo: aveva aperto il cassetto segreto di una memoria inconscia transgenerazionale, che nel momento in cui è stata nominata può fare parte della vita e non fare più tanta paura.

La sabbia che nasce dalle sue mani ora parla del piccolo cane: le orecchie, la piccola coda, le perle di vetro azzurro, in continuità con l'immagine precedente, e porta ancora sul terreno infelice del morire, del perder vita, della domanda senza risposta. È un'immagine chiara, precisa, e la sabbia fa rivivere la cara presenza, reale, ben conosciuta e molto amata. È l'essere i soli custodi inconsci di un mistero senza poterlo nominare che carica di una immensa, potente inquietudine. L'idea della morte come male assoluto è quasi insostenibile; nel mondo infantile è caricata anche di un pensiero magico, che comunque amplifica il vissuto e può manifestarsi con un ragionar fisso onnipotente e veri attacchi d'angoscia e di panico.

Che fare? Non si annulla il male, lo si nomina, e così lo si rende umanamente sopportabile.

> E tu, Cielo, dall'alto dei mondi
> sereni, infinito, immortale,
> oh! d'un pianto di stelle lo inondi
> quest'atomo opaco del Male![42]

In una sabbia successiva, finale, Alice racconterà in qualche modo un'evoluzione del vivente: un gran pesce rosso, visto all'acquario di Genova, colorato con la sabbia rossa del deserto; delle sabbie precedenti userà ancora le perle azzurre, le stesse di E.T. e del piccolo cane, per gli occhi. Un pesce vivo, rosso, nell'acqua, un'immagine liberata dal buio dell'oscurità.

Dopo poco Alice proverà a dormire da sola, quando non c'è la mamma a casa dormirà nel letto di lei (il profumo della mamma la farà stare serena come era successo a Aldina con il fazzoletto del papà al collo del bambolotto?) e poi via via, nel giro di un mese, potrà affidarsi alla notte nella sua stanza. Chiederà in una telefonata alla nonna di farmi sapere: "Da tre notti dormo nel mio letto".

Chiudiamo la scatola dei segreti, ancora una volta, con gratitudine.

Ehi, ti vuoi fermare, non c'è più posto,
non ci sta più niente! – No, nella sua zucca
c'è sempre una qualche segreta finestrella, c'è posto:
per nuovi fiori e quadri e libri e dischi…
e nella sua agenda per nuovi casi disperati,
il carcerato, l'anoressica, quella che vede
i fantasmi dietro l'angolo… cosicché
sommando vecchie storie e nuove entranti
le grava addosso l'intera umanità.

È una strega buona, una fattucchiera
volta al bene. Ma potresti – dico – mettere
una volta tanto uno spillone, una volta tanto
e in casi estremi, quando non se ne può fare a meno,
quando se l'è voluta il mascalzone.
Lei no. Però si sfoga… con il dettagliante
che vende il latte oltre la scadenza, il vigile…
il bancario, l'assicurazione, l'agenzia dei viaggi,
l'automobilista che la schizza, il selciato disselciato
che la fa inciampare… e soprattutto Berlusconi!
Però niente spilloni. Mah.

[…]

A volte togliamo dalla scatola le foto. Ecco
l'orgoglio della madre con la sua cucciolina,
dolcezza d'occhi dolcezza delle mani…
come l'agghinda, come l'imbocca, come
la instrada per i corridoi dell'anima tra le erbe
alte della vita… Oggi come ieri con quel suo ovale morbido,
malgrado il suo corredo d'ametiste viola,
dritta cammina la sua strada generosa
scostando con naturalezza spine sciogliendo
i nodi più intricati. E mette fiori nei vasi dell'angoscia
filtra le acque limacciose, col suo tocco lieve
di ninna nanna scaccia via le ombre…
la strega volta al bene.[43]

Capitolo 2

La fiaba della vita

Il dialetto è la mia lingua madre.

Ogni tanto mi torna fuori come sorgente originaria con la voce limpida di mia nonna nella corte dove viveva in Corso Ticinese: "Cara la mia bela stela". Una corte interna che poi è stata demolita. Con un albero e una fontanella, il cancellino sulla ringhiera al primo piano e la targhetta "Maestra d'occhielli". Faceva gli occhielli per le grandi case di moda, Galtrucco, mi ricordo.

Così essendo contadina, era andata anche a fare la mondariso, e la sua capacità di esprimersi era nelle mani che fiorivano di ricami. E poi il lavoro che si era inventata, "gli occhielli" per gli abiti e le giacche dei signori. Così si era emancipata dal lavoro nei campi.

Mi torna in mente la voce di soprano "un bel dì vedremo" e le arie di chiesa quando l'accompagnavo a due passi da casa in Sant'Eustorgio, in cui il latino era storpiato, forse milanesizzato anche quello.

Sono contenta di assomigliarle anche nei suoi lati d'ombra, il cuore aritmico, la tendenza isterica; ma anche il materiale del mio lavoro analitico nasce da lì, all'angolo del corpo/cuore.

Così mi ha lasciato una semplicità contadina, il piacere di cucinare, di piantare al momento giusto basilico e menta e la ringhiera con i gerani. E il collo di lince, come in una foto di Lou Andreas-Salomé a cui assomigliava.

La lingua milanese, quella del Tessa e del Porta, in lei era autentica, era la sua.

Quando trovo il libro di Vittorio Imbriani del 1861 che raccoglie la novellaia milanese e toscana dopo l'unità d'Italia, mi incanta la musicalità della lingua prima ancora della storia. Poi però entro nella storia e nella fiaba come una storia del contado.

Macché regine e principesse. Una madre "razdora", una fattoressa come nelle storie di Fellini.

Di versioni di Cenerentola ce n'è più di cinquecento in tutto il mondo. È uno dei processi iniziatici del femminile, un percorso di individuazione, scritto nella terra milanese, nell'anima lombarda; per me nell'anima del luogo da cui ho origine.

Ma bisogna andare oltre il "complesso di Cenerentola" che pure è stato importante nella letteratura e nel pensiero femminista. Introdurre nella storia le contraddizioni e la furia rabbiosa delle cenerentole che loro malgrado si sono fatte protagoniste della flagellazione dei sacrifici e chiedersi sempre "perché".

> Sabato santo, ogni sabato sempre, la casa piazza aperta delle grandi manovre. A dirigere se stessa, mia madre, furiosa – divisa di chi sgobba e le finestre spalancate. Tutti fuori! – non c'è spazio nell'ardore della prova che l'impiego dei feriali declinava come un rito. Varechina e scopettone, palingenesi di stracci – con le mani a sradicare l'erba matta dei perché. Lei non sa e io nemmeno che quel rito mi sta stretto, nell'elenco delle colpe non comprendo il rassettare.
>
> Mi ricordo, non so come, di quel giorno sola in casa, chiusa a chiave dal di fuori, senza avviso. Perché?[1]

La Scindiroeura[2]

> Ona volta gh'era on Re. El gh'aveva ona tosa. L'era tanto bella che le voreva per sposa, la voreva sposà per mièe; e lee la voreva minga, perché l'era vecc. Lu, seguitava a seccalla de sposall; e lee, on dì per contentall, la gh'ha ditt: – "Famm

Figura 5 Nonna Angela a 18 anni.

dùu vestìi a me piasè e on'ochetta che parla, che te sposi." – Come difatti, el gh'ha fàa dùu vestìi, vun pien de stell e on alter cont i ragg del sol. Sicchè, la sera, lu, l'è andàa in lett. El ghe dis: "Adess ven anca ti, Maria!" – la se ciamava Maria. E lee, la dis: – "Adess vegni subet." – L'ha ciappà i dùu vestìi e i ha faa su in d'on fagott e l'ha miss l'ochetta in d'on cadin con denter l'acqua. L'ochetta la sbatteva i al: e el Re le dimanda: – "Maria, te vegnet a dormì?" – E l'ochetta, la ghe respondeva: – "Vegni." – Lu, el Re, el s'è indormentàa; e el s'è dissedàa pu fin a la mattinna. La mattinna el leva su, el troeuva pu la soa tosa. Lee, l'ha miss on bell'-e-brutt, ona finta che se cognosseva domà che i occ; e la s'è missa in viagg; e l'ha seguitàa a viaggià finchè l'ha trovàa ona cittàa, dove gh'era on Re. L'è andada alla porta del Re e la ghe dis a la guardia de digh a la Reginna se voreven ciappalla per fà la donzella. E la guardia la gh'ha ditt: – "Te gh'hê minga vergogna, bruttascia che te set, a cercà de vegnì a fà la donzella?" – Dopo, lee, l'ha tornàa a pregà se voreven ciappalla a fà la scindiroeura; a stà a i fornell, a i fogolar a toeu su la zener. Allora la guardia l'è andada a dighel a la Reginna. La Reginna, la gh'ha ditt de lassalla pur vegnì. On dì, el fioeu del Re, el ghe dis a la soa mamma, a la Reginna: "Diman, voeuri fa ona festa de ball." – E lee, la ghe dis: – "Fâlla pur." – Quand l'è staa che eren adrèe a ballà, la Scindiroeura, la ghe dis a la Reginna: – "O sura Reginna, che la me lassa andà a guardà denter almen dal bus de la ciav, a vedè come fan a ballà, perché hoo mai vedùu." – E lee, la Reginna, la ghe dis: – "Ben, va: ma torna subet, perchè s'el te ved el me fioeu, chi sa cossa el me dis." – Allora lee, la Scindiroeura, la va in la soa stanza, la mett su el vestìi pien de stell e la va de denter in sala. El fioeu del Re, al ved sta bella giovina; l'ha ciappada de ballà insemma. L'ha faa on gir; e poeu, lee, la ghe dis: – "Ch'el me lassa andà on moment, che torni subet." – Invece l'è andada a casa a lavorà. El va a casa, el fioeu del Re, el ghe dis a la soa mamma: – "Se t'avesset de vedè, mamma, che bella giovina che l'è vegnùu là a la festa! La gh'haveva su on vestìi pien de stell ch'el lusiva per tutta la sala. L'ha fàa on gir, e poeu l'hoo veduda pu. La gh'aveva i occ che pareven tutt quej de la Scindiroeura." – E lee, la seguitava a dì: "Sont mi quella, sont mi quella." – E lu, el dis: "Cossa la dis quella cialla là?" – E lee, la tornava a dì: – "Sont mi quella, sont mi quella." – El fioeu del Re, el dis: – "Diman, voeuri fa on'altra festa." – Quand l'è stàa ch'eren adrèe a ballà la Scindiroeura, la ghe dis a la Reginna: – "Che la me lassa andà là, sura Reginna, a guardà denter del bus de la ciav, per vedè se gh'è là quella bella giovina." – E la Reginna, la ghe dis: – "Te set on pòo tropp seccante! S'el te ved el me fioeu, chi sa cossa el dis." – E lee, la ghe torna a dì: – "Voo là appenna on momentin e poeu torni subet." – Allora la Reggina, la ghe dis: – "Ben, va." – La Scindiroeura, la va de sora in la soa stanza, l'ha tiràa via el bell'-e-brutt, la mett su el vestìi cont i ragg del Sol, e la va denter in sala. El fioeu del Re l'ha ciappada subet per ballà. Lee, l'ha fàa on gir e poeu la ghe dis: – "Ch'el me lassa andà on momentin, che torni subet." – Intant che la ballava la gh'ha tiràa giò l'anell del fioeu del Re; e la va a casa e la se mett a fa el so mestée. Va a casa el fioeu del Re, el ghe dis a la soa mamma: – "Se t'avesset de vedè, mamma! Gh'è vegnùu là ancamò quella bella giovina d'ier. La gh'aveva su on vestìi cont su i ragg del sol, che la lusiva per tutta la sala." – La Scindiroeura, la seguita: – "Sont mi quella, sont mi quella." – E lu, el dis: – "La gh'aveva i occ che paren tutt quej de la Scindiroeura." – E la torna ancora: – "Sont mi quella, sont mi quella." – E lu, el dis adrèe a la soa mamma: – "Sent cosa, la dis quella cialla là" – E lee, la torna ancamò: "Sont mi quella, sont mi quella." – El dì andrèe, el dà on'altra festa; e lee, la gh'è andata pu; e lu, de la passion, el s'è malàa. Gh'era pu nissun che podeva andà in stanza a portagh de mangià; e lee, la ghe dis a la sura Reginna: – "Che la me lassa andà mì, a portagh el pantrìd." – E la Reginna, la ghe dis: – "Cialla che te set! El voeur nanca che vaga i donzell; t'hâ giost de andà ti!" – E lee, la ghe dis ancamò, la Scindiroeura: – "La vedarà, sura Reginna, che de mi l'accettarà." – Allora la Reginna, la dis: – "Va pur." – Lee, l'è andada in stanza. Prima de andà in del Re, lee, l'è andada in stanza e l'ha miss su el vestìi cont su i ragg del sol. E l'è andada a portagh il pantrìd. La gh'ha miss denter l'anell; e lu, allora, a vedè sta bella giovina, de la contentezza l'è guarìi e l'ha sposada. Dopo hin andaa a casa a trovà so pader che l'aveva lassada.

C'era una volta un Re che aveva una figlia tanto bella da volerla addirittura sposare.

La voleva prendere in moglie ma lei non voleva perché lui era vecchio. Lui però continuava a scocciarla affinché lo sposasse e così lei un giorno per accontentarlo gli dice: "Dammi due vestiti che mi piacciano e un'ochetta che parla, e ti sposo".

Allora il Re le fa fare due vestiti, uno pieno di stelle e un altro con i raggi del sole. Arrivata la sera, lui va a letto e le dice: "Adesso vieni anche tu Maria" – lei si chiamava Maria. E lei gli risponde: "Adesso vengo subito", ma prende i due vestiti, li fa su in un fagotto e mette l'ochetta in un catino pieno d'acqua. L'ochetta sbatte le ali e il Re le domanda: "Maria, vieni a dormire?" e l'ochetta gli risponde: "Vengo". Alla fine, il Re si addormenta e non si sveglia più fino al mattino seguente, ma quando si alza non trova più sua figlia. Lei aveva indossato un mantello chiamato *bell'-e-brutt*, "bello e brutto", una specie di "finta" da cui si potevano riconoscere solo gli occhi, e si era messa in viaggio, continuando a viaggiare fin quando aveva trovato una città in cui viveva un Re.

Così si presenta alla porta del Re e dice alla guardia di chiedere alla Regina se la vogliono prendere a servizio per fare la donzella. "Non hai vergogna" dice lui "bruttona come sei a cercare di venire a fare la donzella?" Ma lei torna e prega affinché la prendano a lavorare come *scindiroeura*, la ragazza che sta ai fornelli e al focolare a raccogliere la cenere. Allora la guardia va a dirlo alla Regina e lei gli dice di lasciarla pure entrare.

Un giorno il figlio del Re dice a sua madre la Regina: "Domani voglio dare una festa da ballo". E lei gli risponde: "Falla pure". Durante il ballo, la *Scindiroeura* dice alla Regina: "Oh, Signora Regina, mi lasci andar a guardare almeno dal buco della serratura, a vedere come fanno a ballare, perché non l'ho mai visto". E la Regina le risponde: "Va bene vai, ma torna subito, perché se ti vede mio figlio, chissà cosa mi dice". Allora la *Scindiroeura* va nella sua stanza, indossa il vestito pieno di stelle ed entra nella sala del ballo. Il figlio del Re vede questa bella ragazza e inizia a ballare con lei. Dopo un giro di danza, lei gli dice: "Mi lasci andare un attimo che torno subito". Ma invece va a casa a lavorare.

Il figlio del Re torna a casa e dice alla sua mamma: "Avresti dovuto vedere, mamma, che bella ragazza è venuta alla festa! Aveva un vestito pieno di stelle che luccicava per tutta la sala. Ha fatto un giro e poi non l'ho più vista: aveva gli occhi che parevano tutti quelli della *Scindiroeura*!". E lei continuava a dire: "Sono io quella ragazza, sono io!", mentre lui diceva: "Cosa blatera, quella stupida". E lei ripeteva: "Sono io, sono io!".

A quel punto, il figlio del Re dice: "Domani voglio dare un'altra festa". E il giorno dopo, durante il ballo, la *Scindiroeura* chiede alla Regina: "Mi lasci andare, signora Regina, a guardare dal buco della serratura per vedere se c'è quella bella ragazza". E la Regina le risponde: "Sei un po' troppo noiosa! Se ti vede mio figlio chissà cosa dice!". E lei le ripete: "Vado solo un momento e torno subito", e allora la Regina le dice: "Va bene, vai".

La *Scindiroeura* sale nella sua stanza, toglie il *bell'-e-brutt*, indossa il vestito con i raggi del sole ed entra nella sala. Il figlio del Re comincia subito a ballare con lei, fanno un giro di danza e mentre stanno ballando lei gli sfila l'anello; poi gli dice: "Mi lasci andare solo un momento che torno subito". Se ne va a casa e si rimette a fare il suo lavoro.

Il figlio del Re torna a casa e dice alla mamma: "Avresti dovuto vedere, mamma! È venuta ancora quella bella ragazza di ieri. Aveva un vestito con i raggi del sole che luccicava per tutta la sala". La *Scindiroeura* continua a ripetere: "Sono io quella ragazza, sono io!". E lui dice: "Aveva gli occhi che sembravano proprio quelli della *Scindiroeura*", mentre lei continua a ribadire: "Sono io quella ragazza, sono io!". Ma lui parlando a sua mamma risponde: "Senti cosa dice quella stupida". E lei ripete ancora: "Sono io, sono io".

Il giorno seguente viene organizzata un'altra festa. Ma lei non ci va più.

E lui, dalla passione, si ammala. La perdita d'amore lo fa ammalare al punto che nessuno più può andare nella sua stanza a portargli da mangiare. A quel punto, la *Scindiroeura* dice alla signora Regina: "Mi lasci andare a portargli il pancotto". E la Regina le dice: "Stupida che non sei altro! Non vuole neppure che vadano le donzelle, devi giusto andar tu!". E la *Scindiroeura* ripete: "Vedrà, signora Regina, che da me l'accetterà". Allora la Regina dice: "Vai pure".

Così lei va nella sua stanza e prima di andare dal Principe indossa l'abito con i raggi del sole. Così vestita gli porta il pancotto in cui ha messo l'anello e lui, allora, nel vedere questa bella ragazza, dalla felicità guarisce e la sposa.

E alla fine vanno a casa a trovare il padre di lei che l'aveva lasciata.[3]

Questa fiaba risale al 1860, appena dopo l'Unità d'Italia e troviamo anche delle indicazioni sul modo di vivere di quel tempo: la regina non è socialmente lontana dalla ragazza, è una brava donna, dalla sua parte, e le permette di fare molte cose. Si rintracciano alcuni motivi che sono propri dell'"anima" lombarda: la regina è una "fattoressa", una "sciura regina".

L'interpretazione segue alcune griglie di lettura. Questa fiaba racconta la storia di un'eroina che parte da una condizione di inadeguatezza, di crisi, di debolezza, e arriva poi a realizzarsi.

Dal punto di vista psicoanalitico, questo percorso può indicare la strada dell'individuazione, è un modo di partire dalla difficoltà e dall'assenza per arrivare alla presenza di sé; in questo senso la storia è un processo femminile di trasformazione. Quali sono i passi del percorso?

Il primo è l'assenza della madre; la ragazza è infatti insidiata dal padre perché non c'è la madre. In quasi tutte le fiabe che parlano di un percorso iniziatico femminile, la madre non c'è: o c'è la matrigna (con il tema dell'invidia) oppure la madre è morta.

Le fiabe, raccontando l'assenza della madre, ci dicono del tema della separazione; ci dicono che la strada dell'individuazione, per una donna, passa attraverso il distacco dalla madre. La matrigna o la madre assente esprimono quel "doppio" del materno e, così facendo, esprimono l'inevitabilità del percorso di solitudine per differenziarsi.

Ci viene anche raccontata l'inevitabilità della relazione edipica. Il vecchio re rappresenta la vecchia legge, quindi un matrimonio con il padre rappresenta una situazione endogamica, lo stare dentro i vecchi valori, la vecchia appartenenza.

La madre manca e il padre è incestuoso: se la madre va lasciata per trovare la propria strada, anche il padre, il maschile, per come noi lo abbiamo interiorizzato, va lasciato.

La fiaba si può leggere come metafora dell'adolescenza. Possiamo però anche dire che un pezzo di adolescenza ci perseguita e ci rallegra per sempre; la strada del femminile è sempre una ricerca, è un fatto che va avanti tutta la vita; è come se noi dovessimo trovare continuamente dentro di noi la fanciulla, la Kore. Come dice James Hillman a proposito del *Puer aeternus*[4] l'unica presenza che può stare accanto al Puer è la fanciulla divina, la Kore, cioè un tipo di femminile che ha le caratteristiche archetipiche del Puer come creativo.

La ribellione, in questa fiaba, viene agita attraverso tutta una "messa in scena"; la partenza non avviene da zero; l'eroina se ne va via, ma con due vestiti, prende con sé tutto ciò che può servire, che fa parte del suo rango. Questo può essere visto come indicativo del fatto che quando noi ce ne andiamo, non ce ne andiamo a "nudo"; alcune cose che provengono dalla nostra storia le portiamo con noi e a un certo tempo, non si sa bene quando, ci torneranno utili.

Ci portiamo via le cose più preziose – e qui sono i due vestiti (uno con i raggi del sole e uno con le stelle: le parti maschili e femminili dell'io) – e cioè quanto di buono c'è stato dato dal padre e dalla madre. Poi c'è l'ochetta. Credo che questo sia uno degli aspetti più divertenti e interessanti della fiaba: l'ochetta che viene messa nel catino e parla, consente alla Scindiroeura di andarsene via, di staccarsi, di lasciare il vecchio Re. Mi è stato un po' difficile intendere il senso dell'ochetta; mi viene in mente l'innocenza di Marilyn Monroe, un mito intramontabile. Allora ho pensato che giocare un po', fare un po' l'oca, a volte, salva. Fare l'oca, far finta di non capire, parlar d'altro, non entrare in conflitto aperto può essere – in certi casi – un colpo di genio.

Questo atteggiamento a noi non viene naturale. Dopo aver conquistato la libertà di esprimerci usando una parte

Figura 6 Marilyn Monroe.

che è – diciamo – più "fallica", ci pare assurdo usare quell'atteggiamento più tipicamente femminile che è il "fare l'oca".

A volte invece il fare l'oca è più saggio e più sano che scendere in guerra aperta. Si tratta di reimpararlo, di potersene cioè riappropriare, sapendo di che cosa si tratta e potendolo utilizzare, così da non inciampare nella trappola edipica.

La fiaba ci racconta il possibile riutilizzo di tutto: la Scindiroeura parte con i vestiti che possono esserle utili; e poi lascia al suo posto l'ochetta, che comunque placa i bollenti spiriti del padre, creando una barriera rispetto al conflitto agito, e ciò le consente di andare nel mondo.

Ha inizio così il viaggio, un vero e proprio percorso iniziatico: è il tentativo di ritrovare se stessa a partire dal riconoscimento dell'assenza della madre, dal rischio endogamico del rapporto con il padre; è il tentativo di trovare la propria identità, ma per farlo non si può correre nel mondo allo sbaraglio.

La Scindiroeura, infatti, userà il "bell'-e-brutt". Questo "bell'-e-brutt" è una specie di mantello un po' come la "finta" del carnevale veneziano che copre completamente lasciando scoperti solo gli occhi. È interessante che si chiami "bell'-e-brutt": l'abito che nasconde è lo stesso che consente la libertà, è bello e brutto insieme. "Il bello è brutto, il brutto è bello", come cantano le streghe nel *Macbeth*.[5] Nulla è come appare. Un certo malinteso ci impone di rivelarci sempre, di manifestarci, di dichiararci: al contrario, a volte, non dichiararsi, se può apparire brutto, è invece bello. Ci si deve proteggere fino a quando si può tollerare la forza della propria bellezza.

L'abito è il nostro modo di stare nel mondo, è il nostro ruolo, bisogna essere capaci di usarlo e di smetterlo: si può uscire dal ruolo quando la situazione lo consente, quando siamo abbastanza forti della nostra integrità di persona, da non avere più bisogno di protezione.

A questo punto la Scindiroeura arriva al castello, che non è quello del re ma quello del figlio del re. Lei lascerà suo padre, il re, il principio maschile consolidato, e andrà verso un maschile che è un nuovo Animus. Lasciato il vecchio mondo del pensiero con le sue regole, protetta da quel "bell'-e-brutt", va verso un pensiero nuovo. E ci si accosta in modo parziale, attento, con una serie di incontri-scontri, avvicinamenti e distanziamenti. È molto ambiguo e accidentale il percorso con l'incontro, in noi, del nuovo maschile che andiamo cercando.

L'eroina va per tentativi: in un primo momento cerca, essendo figlia di un re, di fare la dama di compagnia. Il fatto che sia coperta dal "bell'-e-brutt" impedisce alle guardie di riconoscerla; la guardia si potrebbe intendere come un meccanismo di difesa dell'io che ci ostacola. Diciamo che, nel processo di trasformazione, i meccanismi di difesa rallentano l'acquisizione di una nuova identità. Allora c'è solo da lavorare per il cambiamento, almeno fino a quando i meccanismi di difesa saranno vinti. La Scindiroeura accetta di fare un lavoro umile ed è il suo trucco: lavorare con la cenere. È una cosa che dovremmo imparare anche noi. Nel percorso di trasformazione c'è una fase regressiva, che ci serve per avere una spinta in avanti. È indispensabile saper accettare con umiltà le fasi regressive del percorso d'identità.

La regressione è rappresentata dalla cenere (si pensi al detto "cospargersi il capo di cenere"); il lavorare con la cenere è lavorare con i resti, che sono anche i resti del fuoco (dopo aver bruciato tante energie, resta la cenere) che è dentro di noi; dovremmo imparare la capacità e l'umiltà di entrare in contatto con la cenere che ci rimanda al fuoco dentro di noi.

La fiaba racconta poi il ballo e la festa. L'eroina va al ballo con un trucco: la madre del re, che è la "sciura regina", è sua alleata. Questo credo sia significativo: noi siamo esposte al rischio della perdita di noi stesse, proprio a causa dell'assenza del materno e del femminile positivo: occorre allora un aiuto, qualcuna che faccia le veci della madre – qui la regina – che svolga questo ruolo. La ragazza però non dipende da lei. La regina non è sua madre. La perdita della madre va quindi rielaborata in un discorso di solitudine, l'altra donna è l'"aiutante" che media e permette, non ostacola, prende anche in giro, ma da lei la ragazza non dipende. Nel percorso analitico bisogna attivare un rapporto tra l'una e l'altra, non interdipendenza ma intersoggettività. Un materno che c'è ma non è totalizzante (il che spesso viene vissuto come "tradimento" delle aspettative) non concede risposte, non entra nella logica delle aspettative di dipendenza e di contro-dipendenza (dipendere muove una contro-dipendenza), ma attiva un processo di intersoggettività.

La presenza della matrigna nelle fiabe è molto diversa dalla natura di questa regina: lei è la madre del figlio del re, ma non è una matriarca, il figlio non dipende da lei e neppure la Scindiroeura ne dipende.

La regina è una donna che di fronte alle richieste lascia fare, permette al figlio di dare la festa, alla Scindiroeura di andarla a vedere.

Credo che questa sia una fase di passaggio della separazione dalla madre, e anche dalla dipendenza legata all'assenza della madre. Il passaggio è mediato attraverso una figura femminile che aiuta, ma senza sostituirsi e da cui non si dipende.

L'eroina va al ballo indossando i suoi abiti preziosi: diciamo che quando si è in gioco si deve usare tutto ciò che la vita ci ha dato, visto che la posta è alta.

E c'è tutto il manifestarsi e il celarsi, sinché non è arrivato il momento. Questo momento arriva quando il figlio del re si ammala d'amore. Egli dapprima non riconosce gli occhi della Scindiroeura. Dice: "Sì, sembravano gli occhi della Scindiroeura". Rappresenta il pensiero maschile che è ancora troppo legato alla forma, al ruolo, alla manifestazione esterna e non vede l'anima della ragazza, ciò che del profondo traspare dagli occhi. Non è quindi ancora il momento di riconoscere la totalità del rapporto, totalità che si può realizzare soltanto attraverso la "crisi" che è il mal d'amore. Allora non c'è più solo il dolore della separazione dalla madre, ma anche il patire l'assenza: occorre soffrire una assenza perché la presenza diventi forte e completa. La soluzione, nella fiaba, è l'incontro tra i due: in termini intrapsichici significa l'unione tra il femminile ritrovato, che ha trovato la sua strada, e il maschile nuovo. A questo punto nella fiaba compaiono due elementi: l'anello d'oro (il valore prezioso) e il pancotto. La semplicità del pancotto, che poi è il simbolo della terra, della madre-terra, rappresenta il tramite per la guarigione, e sta insieme all'oro dell'anello.

Questa unione prelude a un "lieto fine", in cui la fanciulla è così sicura della propria identità che può tornare dal padre. Si può vedere come "era una volta", fare pace con la parte di sé che aveva dovuto lasciarsi alle spalle. Per andare incontro al nuovo bisogna lasciare la vecchia legge, il mondo di idee e valori consolidati; sarà necessario trovare la nuova legge, quella che fa per noi, il nuovo "maschile" che sarà da scegliere.

E, forti del nuovo, non avere paura del passato.

È interessante analizzare la presenza del "figlio del re".

Nelle fiabe di solito il principe è il simbolo di una promessa: non è il re, non è il capo, ma è il primo fra i pari, è l'eroe più che il saggio, è l'ideale di bellezza ed eroismo.

In questa fiaba invece il principe è tutt'altro: è uno che non sa cosa farà da grande. È legato alla madre che, peraltro, finge di dipendere da lui, ma non è vero. Tutta l'atmosfera in cui si muove il principe è quella di un femminile forte, attivo e strutturato. La regina è la padrona di casa, stabilisce come si devono tenere i rapporti, ma è anche la donna che capisce la ragazza dandole la possibilità di agire, perché ha fiducia in lei: il femminile facilita, non depriva. La regina qui fa le veci della fata, presente nella versione tradizionale di Cenerentola. Va vista come espressione dell'anima lombarda: da noi, a differenza di altre regioni più legate al magico, c'è poca magia. In Lombardia la fata che diventa regina è una figura più mercantile che magica, ma in fondo ciò costringe la ragazza a fare di più. Eliminata la magia, tutto quello che succede accade per la capacità della ragazza di giocarsi nei rapporti. Se è vero che bisogna nascondersi e usare dei trucchi in questo percorso di trasformazione e di ricerca di sé, restano liberi gli occhi, lo sguardo. È lì che il principe viene agganciato. Se cogliamo la simbologia della relazione, è il femminile che balena attraverso gli occhi nell'incontro, quello che cattura nell'amore. È la forza della verità dell'interiorità, del nostro io più profondo. L'incontro viene dal lampo che rimane vitale dentro di noi e che ci salva alla fine.

Le fiabe siamo abituati a vederle come metafore dei rapporti, senza coglierne il senso più profondo.

La fiaba è così sottile ed è tanto inquietante il suo messaggio, che è molto più semplice cogliere solo gli aspetti ideologici più superficiali, ma questo è un errore, è un travestimento: dentro la fiaba c'è molto di più, c'è l'imprendibilità dell'anima.

Cenerentola è in centinaia di versioni, presenti in popoli e ambiti culturali differenti. La fiaba, si può dire, è un filo che attraversa l'inconscio collettivo così come nei miti. Una lettura solo ideologica svilisce. La lettura fatta in termini intrapsichici è un percorso di ricerca dell'identità personale al di là dei dati di partenza, ma che alla fine li recupera. Quando non si corre più il pericolo di appiattirsi, possiamo perfino dire grazie alle nostre origini.

L'ombra della luna

"C'era una volta." Come di solito iniziano le fiabe. C'era una volta una bambina che aveva paura dell'ombra della luna, e arrampicata al collo della mamma diceva "mandala via, mandala via" in un sussurro.

Quella bambina ero io. L'amica Nicole Janigro[6] ha avuto l'intuizione di chiedere ad alcuni terapeuti, tra cui io, di raccontare la narrazione della vita che ha portato all'avventura della *Vocazione della psiche*. Io ho trovato le parole/cuscino, "salvare l'oggetto d'amore".

E così la fiaba come storia ha trovato il perché per dirlo, mi ha raccontato com'era andata nel viaggio per ritrovarmi dall'origine. E lo riporto così com'era, con un finale però diverso, perché la vita è andata avanti. Perché salvare l'oggetto d'amore, nonostante tutto, è ancora oggi la parola che illumina il buio della notte.

Una narrazione di sé, del punto dove affonda l'origine, porta in luoghi a tratti indecifrabili: si parla di qualcosa che in parte è noto, portato alla luce, raccontato tra sé e sé e lasciato diventare parola ad alta voce con gli amici, con gli analisti che ci hanno accompagnato. Ma nel momento in cui si condensa il senso dell'avventura umana che porta al mestiere di analista, ciascuno lascia filtrare dalla memoria l'oro fino dei primi passi, del "perché". Ed è sempre da una ferita all'origine: un bisogno di riparazione, di trasformazione, di salvazione.

Alla domanda sulla personale motivazione all'analisi e sulla scelta poi di proseguire e diventare analista la mia risposta è: "Per salvare l'oggetto d'amore". Parole che si formano da sé, quasi inconsciamente, e mi portano alla memoria perduta dell'inizio, all'ascolto della persona che mi parlava di sé, affidandomi un frammento della sua storia, perché io lo conservassi. Storia e memoria di famiglia, contraddizioni, patimenti, sentimenti, che formavano la trama da cui nascevo, forza e fragilità fuse assieme, e l'intuizione della bellezza da salvare.

Volevo fare l'architetto, come lui. Mi appassionava la storia dell'arte, mi entrava nelle ossa la costruzione del romanico, la tecnica degli strappi degli affreschi, la bella scoperta del "fare", del creare. E allo stesso tempo prendeva forma un'altra visione del mondo, che era fatta di un'altra narrazione della vita che passava tra noi, e si componevano tessere del mosaico di una sofferenza che lo riguardava: era la sua forte e riservata competenza del dolore di vivere con una persona segnata da una forma sfuggente, a tratti acuta, di patologia mentale. Ascoltavo. Non sapevo. Pirandello l'avrei scoperto più tardi. Ero presenza. Pietra che si scavava.

Anni dopo ho iniziato la mia analisi personale. Avevo bisogno di curare la mia fatica di vivere, avevo urgenza che il mio soffrire fosse preso in cura. Il primo sogno mi portava su una strada di montagna, di quelle fatte con lui, a una curva compariva un ragazzo con un flauto di Pan, da cui traeva una musica, misteriosa, mai udita.

C'è una poesia di mio marito che mi è molto cara e che mi piace condividere, narrazione preziosa proprio di questa storia, di questo "perché" all'origine.

Zelda nutrì un amore particolare
per lo zio Bruno, un trasporto assoluto,
che rivendicava come un diritto carnale e irrinunciabile
che nessuno proprio nessuno poteva negarle.
E lui, l'architetto, l'affratellò, l'affiliò alla radice,
alla storia del garibaldino, alle prime bandiere rosse,
al laboratorio del calzolaio… e prima ai campanili romanici
e prima ancora al villaggio sulle palafitte.
Il loro rapporto fu di parlare, di raccontare,

di piangere in libertà… e ancora di fabulare di testa
e di sentimenti… le insegnò a disegnare…
Bruno aiutava Zelda a vedere e riconoscere linee
archi e colori… armonie e fratture… che lei mise a coltura
nelle sue terre profonde, finché germogliarono.
La storia comincia da lì. Ma come tutte le storie
che hanno un inizio, ebbe un giorno una fine.
E Zelda lo pianse, ché avrebbe voluto
mostrargli la sua bambina, la casa, i suoi capolavori…
avere da lui un'ultima cara, sentirselo dire:
"Brava, sei stata brava".[7]

Perché vorremmo sempre essere riconosciuti, accompagnati nelle armonie, nelle fratture di cui è costellata la vita, dare un senso che riconosca la storia e la memoria delle relazioni. Essere terapeuta per me vuol dire ogni volta, con ogni nuovo paziente, e all'interno di ogni percorso nel momento in cui siamo a una svolta, ricapitolare l'umano che mi è toccato di vivere; non mi dimentico del dolore, della forma della sofferenza che si confronta con la malattia mentale. *L'idiota* di Dostoevskij mi è parente, so che quella bellezza che "salverà il mondo" è tramite di innocenza, ma si può anche morirne.

Torna sempre a galla la fatica delle relazioni ma anche la costruzione, il "fare", e "l'amore per le cose ben fatte" che mi è stato trasmesso come valore di fondo. In questo senso torna il mestiere non praticato di architetto, l'unica altra strada che sarebbe stato bello seguire. Ma forse, in qualche modo misterioso, mi trovo a farlo, mattone dopo mattone, pietra angolare, fondamenta e verticalità.

Ricordando un amico caro, Giuseppe Bertolucci, mi viene da pensare alla sua teorizzazione e pratica di vita che condensava nelle due parole "marginalità consapevole":[8] pur avendo girato film memorabili, lavorato a regie teatrali, costruito molto e lasciato molto di sé nel mondo della cultura, non si metteva mai al centro in modo arrogante, non occupava il potere, procedeva di lato, costeggiando, ostinatamente e quietamente contrario. Riconosco e coltivo questo modo di essere anche in me, un modo di stare dentro la ricerca: niente di definitivo, di stabilito, appreso e trasmesso, piuttosto un'esperienza di narrazione esistenziale, continuamente in trasformazione. Occorre vivere ai margini, percorrere strade di autoriflessione segrete, anche se poi nasce l'urgenza di comunicare, e allora, nel mio caso, sono i libri a venire al mondo.

Quando mi sono trovata tra le mani l'avventura del primo libro, *Di madre in figlia*,[9] che rimane la mia cifra esistenziale, non l'ho fatto per amore di teoria: era morta mia madre, improvvisamente, avevo una figlia piccola, stavo malissimo, non ne uscivo. La scrittura mi ha guarito, dando voce a un dolore che cercava spazio, parola, canto, attraverso una narrazione clinica, una storia di analisi sul rapporto madre-figlia con un percorso lontano dal mio, ma segnato da una patologia mentale in famiglia e soprattutto dentro la circolarità intuita da Jung e che riconoscevo mia: "Ogni donna si amplia per un verso nella madre per un altro nella figlia". Così potevo accettare la clinica poetica.

E tale è sempre stata la mia scrittura fatta di una "marginalità consapevole", fuori da un uso accademico o istituzionale, piuttosto una serie di lettere aperte a un confronto con gli altri, parole che hanno senso se toccano le emozioni, se muovono verso un sentire.

Parole che a un certo punto hanno bisogno di essere dette.

Può darsi che ne nasca anche una qualche vicinanza, una forma teorica che riguarda il femminile e il materno, ma per me è qualcosa che va per suo conto, non è la premessa che mi muove. I temi e i modi della scrittura rispondono a bisogni interiori, in qualche modo sempre al *perché?*, alla domanda infinita e senza risposta di Giobbe.

Mi rendo conto che devo seguire una traccia, forse proprio quella dell'innocenza del Principe Myskin nell'*Idiota*. Prima di arrivare alla scelta dell'analisi, al riconoscimento del valore terapeutico, ci sono stati gli anni precoci di un giornale studentesco, poi la politica, la teoria e la pratica della nonviolenza gandhiana, con Giuliano Pontara, i primi approcci alla psicoanalisi con Franco Fornari e alla socioanalisi con Luigi Pagliarani, e poi le esperienze collettive marxiste, la difficile dialettica tra personale e collettivo, i mondi contrapposti tra ideologia, che tendeva a inglobare tutto, e ricerca di una strada unica, opposta alla gruppalità. E il lavoro in "comunità terapeutica" con Diego Napolitani, in una costruenda équipe con Piero Coppo (che diventerà uno dei più sensibili etnopsichiatri) esposta agli psicotici gravi con la scommessa azzardata di evitare i farmaci, sostituiti dall'analisi di gruppo. E la fatica di non capire, e rischiare di bruciarsi. E tante esperienze "di confine", di cui avrei colto il senso solo anni dopo. Ma in fondo, mi accorgo, era sempre alla fine il bisogno di "salvare l'oggetto d'amore", che si riverberava sulle masse, sulla sofferenza del mondo, sui "popoli schiavi" delle canzoni di protesta, era *Addio Lugano bella* mentre lavoravo a Lugano – il mio primo lavoro – al Centro di igiene mentale. Era "raminghi per le terre e per i mari, per un'idea lasciammo i nostri cari", soprattutto era "nostra patria è il mondo intero, nostra legge la libertà, ed un pensiero, ribelle in cor ci sta". Era salvare la libertà, l'ideale, il cuore ribelle, nel momento in cui i fermenti politici premevano da tutte le parti e la nonviolenza finiva tra gli oggetti messi in soffitta. Gli anni della formazione con Franco Fornari e l'analisi kleiniana sulla guerra e la situazione atomica.

Niente si perde. Sarebbe stata ritrovata anni dopo, con la cura dell'interiorità analitica.

Ero animata da una fede ingenua nella possibilità di cambiare il mondo.

Che ne sarebbe stato di me senza la radicalità di quei primi anni di formazione? Le lotte, le manifestazioni leggendarie. Niente si butta della passione politica vissuta con amore e furore. Intanto cresceva il bisogno di radicare la storia nella microstoria (l'avrei scoperto solo anni dopo che si chiamava così). Mi rivedo appassionata a rischio di bruciare di energia palpitante, ma allo stesso tempo bisognosa di introversione, di relazioni a due, fuori dalla massa. Questo groviglio del mondo esterno e interno mi porta nella stanza dell'analisi.

Da quel momento in poi, dalla prima esperienza personale della relazione analitica con Silvia Montefoschi, con Mariella Loriga per la formazione all'analisi infantile e poi da Milano a Zurigo con Dieter Baumann, nipote di Jung (che era suo nonno materno), fino al lavoro con Cesare Musatti, decano dei freudiani in Italia. Il mio analista Baumann mi aveva suggerito di portargli un sogno che avevo fatto su di lui.

> Mi trovavo in un cortile quadrato, come una specie di mandala, e salivo le scale per arrivare al suo appartamento-studio. In un grande atrio c'era un tavolo apparecchiato a ferro di cavallo, riccamente imbandito. Ero con la mia bambina, sceglievo delle cose da mangiare e allo stesso tempo badavo a lei che circolava per conto suo. Venivo quindi introdotta nello studio del professore che mi diceva che avevo superato la prova. L'esame consisteva nel nutrirmi con misura e badare alla bambina e dire sempre il mio vero nome.

Molto perplessa avevo atteso mesi prima di telefonare al professore che non avevo mai visto, e lo feci a metà luglio alle dieci di sera, con la speranza di non trovarlo in casa. Mi rispose lui. "Professore ho fatto un sogno su di lei, vorrei venire a raccontarglielo." "Ma certo cara. Domani pomeriggio alle cinque."

Dopo due incontri a settembre il professore mi dice: "Va bene, seguiamo le indicazioni del sogno e vediamoci una volta alla settimana". Mi accolse quindi in una sorta di supervisione settimanale durata nove anni: diventata qualcosa a metà tra la conoscenza e l'incontro terapeutico.

Una formazione ortodossa per un verso, infatti mi riconosco nelle società analitiche junghiane di cui faccio parte, ma molto bizzarra per un altro, senza vincoli, aperta.

Mi ha aiutato la curiosità, l'impossibilità di aderire a una "Chiesa", la voglia di scoprire altri percorsi sempre con una grande libertà di apprendere, di rimettere tutto in discussione. Sono stata così fortunata da potermi avvicinare a Jung e a Freud di prima mano, con persone che erano ancora in qualche modo dei pionieri della professione di analista, e i "sei gradi di separazione" a volte sono diventati soltanto due. Jung era il grande studioso ma era anche il nonno del mio analista. Freud era il fondatore, colui che aveva intuito la potenza dell'inconscio, ma era anche l'analista che Musatti aveva conosciuto e dal quale era stato affidato al suo allievo Benussi a Trieste.

L'umanità prima di tutto.

Sentivo di mettermi in moto per liberare dentro di me l'ascolto, filtrato dall'esperienza, dalle suggestioni che mi venivano incontro nella realtà, con un'attenzione estrema e radicale all'inconscio, alla guida dei sogni, alla pratica analitica, fino al "gioco della sabbia", sperimentato come cura personale e solo una ventina d'anni dopo – con Paolo Aite – introdotto nella mia stanza d'analisi. Un lento andare.

Perché si impara sempre dai maestri, senza diventare come loro, individuando un percorso personale, grata perché ti sei affidata, ma andando poi per la tua strada; e così vale quando a tua volta sei la guida, il supervisore per altri; niente arroganza, presunzione di sapere, seguendo il lume incerto ma chiaro di quella limpida "marginalità consapevole" per cui non baratti mai l'etica con l'esercizio di un potere.

Nella mia storia, prima del confronto con gli adulti, il lavoro terapeutico è iniziato con i bambini, con i più feriti tra loro, i bambini sofferenti di patologie psichiatriche gravi; mi formavo all'analisi infantile con Mariella Loriga, e avevo in cura una bambina autistica. Dopo la nascita di mia figlia ho iniziato il lavoro analitico solo con gli adulti, in qualche modo per preservare lei dal passaggio tra un inconscio e l'altro di elementi traumatici non completamente elaborabili, e soprattutto per permettermi il piacere della crescita reciproca affettiva in una situazione di normalità, senza essere coperta dall'Ombra inquietante della patologia. Ancora una volta il senso di una relazione fondante, "di madre in figlia", era centrale, sebbene appena intuita. L'ho capito solo molto tempo dopo. Ho ripreso la pratica analitica con i bambini non più gravi, bambini da accompagnare in un momento di svolta, quando mi sono sentita di introdurre il "gioco della sabbia" nella stanza d'analisi. E tutto è tornato alla mente, pratica e teoria affinate da un "inconscio corporeo" che ora era cresciuto abbastanza da giocare una nuova esperienza.

Sono consapevole della grande fortuna che nel percorso ai margini mi è toccata negli incontri, non solo quelli analitici della formazione, ma anche le persone conosciute nei vari lavori fatti per pagarmi i costi del lungo apprendistato analitico (la radio, l'insegnamento, le ricerche psicosociali). E poi le donne, i poeti e i compagni di strada, come la redazione della *Rivista di psicologia analitica*, da cui ho ricavato spunti per continuare a riflettere, e i gruppi di supervisione reciproca con i colleghi con i quali non smetto mai di confrontarmi, gruppi paritari, così preziosi per ciascuno e per tutti, per coltivare la relazione, la misura, la ricerca, per poter dire: "Di questo paziente non so, non ci capisco niente, e voi? Mi date una mano a vedere che succede anche dentro di me, perché è buio?".

Così i miei "maestri" dell'analisi sono sopra e accanto: i grandi e i fratelli minori, riconosciuti per il comune percorso, per quella "carta del senso" di cui parla l'amico e compagno di strada Romano Màdera. Viene fuori un bel modo di stare al mondo, un intrico in cui è piacevole ritrovarsi, fra amici che continuano a porsi il "perché" dell'essere terapeuti, reinventando il senso e il progetto di sé e del "mestiere". La fiaba della vita.

E lo sguardo si allarga, la vita ti tira dentro, gli incontri disegnano il quadro, e per quel che mi riguarda diventano immagine. Ciascuno diventa a poco a poco "ciò che è", come diceva Hillman con la sua teoria della ghianda,[10] parlando di quel nucleo originale che sta dentro ciascuno da scovare, riconoscere e far crescere: da mettere al mondo.

Poco per volta mi sono sentita sviluppare la premessa che gravitava nel mio nucleo profondo, l'arte e l'immagine hanno trovato posto, è cambiato il pensare, è diventato quello che doveva essere: un "pensare per immagini".

Cerco di spiegarmi. Quando un paziente mi racconta un sogno io lo vedo: non penso in un primo momento al significato simbolico, prima lo vedo. È il mio modo, insomma, di seguire le immagini dentro la psiche, quella dell'altro, che il mio inconscio intercetta. La prima cosa che compare è una visione. Una sintesi tra la sua immagine che non conosco e un'immagine mia interna che sgorga ed entra nel suo fiume. Sarà così? Un'esperienza quasi sciamanica a tratti, anche se sono molto cauta nell'avventurarmi nell'inconscio. Mi guida un'intuizione, mi accompagna il sentimento, quella che compare è la visione.

Il "pensare per immagini" si connette misteriosamente alle esperienze di vita all'origine, prima dei ricordi, quelli della memoria implicita, radicata nel corpo-psiche ancora tutt'uno con mia madre, nel mondo delle sensazioni fisiche, nella traccia che lei ha lasciato in me. Da una parte la costruzione, la storia dell'arte, la vicenda intrecciata dei miei due padri, i due fratelli a cui erano stati dati i nomi di Bruno Mario e Mario Bruno, opposti e simili in modo radicale, con cui mi toccavano confronti ma anche scontri, dolcezze e durezza, l'uno parte dell'altro, e io in mezzo a mediare l'impossibile, fuori e dentro di me, tra ragione e passione. Dall'altra una madre giovane e molto amata, a tratti figlia, così piccola e magra, con le caviglie così sottili che parevano sempre sul punto di spezzarsi. Ma poteva diventare una divinità altissima quando rientrava sfinita e luminosa da un parto, lei, la madre così grande che aiutava le donne a mettere al mondo la vita. Eppure sempre una fanciulla, che teneva saldamente in sé l'enigma del femminile, da conquistare, con lei ma anche nonostante lei.

Quando ti allontani e vai
parlando al vento

come l'animale rimango
in bianco e nero a vedere
la sera che sale
l'ombra delle tue piccole spalle.[11]

C'era da smarrirsi. Quale strada imboccare? La mia parte razionale tendeva a contenere, a misurare con la testa, ma premeva l'inconscio, il femminile erratico, le emozioni andavano per conto loro. Passioni, sempre, con gli uomini e con gli eventi, fino all'incontro, il più importante, con l'uomo con cui vivo tutt'ora, perché siamo due diversi, irriducibili.

La nascita di nostra figlia ha segnato il passaggio, l'incarnazione.

Sì, "ogni donna si amplia per un verso nella madre e per l'altro nella figlia". Qui si avvera la storia dell'arte in me. L'immagine è quella della *Madonna del parto* di Piero della Francesca, collocata originariamente in una piccola chiesa di campagna, visitata dalle partorienti, e in seguito, qualche secolo dopo, inglobata in una cappella funebre, a fare compagnia ai visitatori di un cimitero, fino al riconoscimento del suo valore e quindi allo strappo dell'affresco e alla collocazione in un piccolo museo, ex scuola elementare, del piccolo comune di Monterchi, nella terra dov'è stata dipinta.

Il vivere si intreccia al morire, la trasformazione porta a compimento nella stessa storia dell'opera d'arte il tragitto di qualcosa che ben sapevano le donne che andavano a invocare la Protezione della Madonna di Piero: l'esperienza del femminile e del materno al crocicchio tra vita e morte, non solo perché molte donne di parto morivano, ma perché succede che la madre nel mettere al mondo, nell'aprire alla vita, apre nel momento stesso alla morte, alla vita che finirà. E il destino di questa, che è una delle più belle opere del pittore, lascia una traccia unica nella storia dell'arte, si compie sul corpo della madre che sta per aprirsi per dare la vita, come il suo abito, già socchiuso.

Le tracce della *Madonna del parto* mi portano indietro, a un mito di fondazione, quello di Demetra e Core, la madre e la figlia, perduta e ritrovata, la cui rinascita, la primavera, passa attraverso il lutto dell'inverno.

Si inizia e si è iniziati, come nei miti prima e nelle fiabe poi, perché stanno dentro di noi, memoria arcaica che ogni tanto riappare e si fa piccola storia in ciascuno.

E la vita procede, come nella poesia di Dickinson che mi viene in mente, e qualcosa vorrà dire se mi viene in mente proprio in questo passaggio, "e la vita procede, quasi dritta".

> Ci abituiamo al buio
> quando la luce sparisce
> come quando la vicina sorregge il lume
> e ci dà il suo addio.
> È un momento. Facciamo un passo incerto
> per la novità della notte
> poi abituiamo la nostra visione al buio
> e riprendiamo la strada – diritti –
> ed è così per Oscurità più grandi
> quelle notti della mente
> quando nessuna Luna svela un segno
> o nessuna Stella vi appare
> i più coraggiosi brancolano un po'
> e talvolta colpiscono un albero
> proprio in mezzo alla fronte –
> ma poi imparano a vedere
> o è l'Oscurità che si modifica
> o qualcosa nella vista
> si adatta alla Mezzanotte
> e la vita procede quasi dritta.[12]

La poesia per me è parte integrante del procedere analitico, un movimento per libera associazione che racconta ben più di quello che avevo in mente di dire, di lasciar trapelare. Se la vita procede "quasi dritta" forse sono in grado di accogliere gli sbandati e gli sbandamenti.

Ma torniamo alla madre e alla figlia, al destino che mi riguarda di figlia (di madre?) immersa nella storia dell'arte e dell'ostetricia. L'ho detto spesso di sentire come analista qualcosa dentro di me del destino di “levatrice”. Al momento della pubblicazione di *Di madre in figlia*, mi sono trovata davanti all’immagine di un affresco nella chiesa protoromanica di Santa Maria foris portas a Castelseprio, che illustra episodi dell’*Apocrifo di Giacomo*. Davanti alla nascita miracolosa di Gesù, un’ostetrica vuole mettere mano per verificare. Ma la mano le si paralizza – in un’altra versione brucia. Si risana nel quadro successivo dell’affresco quando accetta l’evento. Mi ha sempre fatto pensare che, come analista, mi sento una levatrice e che il limite vada rispettato: quando si assiste al mistero di una rinascita psichica non si deve essere tentati di metter mano, si deve rimanere in un ascolto protetto, di nuovo assorti nella marginalità consapevole, nel porsi di lato, in solitudine.

Come dice all’amico Gianfranco Ravasi padre David Maria Turoldo commentando il Salmo 132: “Dio poteva essere anche un granello di sabbia, una pupilla d’occhio di colomba, o anche solo il respiro di un uomo; perciò bisognava essere molto, molto composti”.

Essere composti, ecco, molto composti.

Il femminile e il materno hanno bisogno di essere accolti, vissuti, attraversati, immaginati, nella stanza dell’analisi in cui passa il mondo. In modo rispettoso, rigoroso, ma anche misterioso come nell’affresco dei primi secoli, cioè in modo poetico. Così come si ascolta scivolare dentro di noi una poesia. Come una poesia. Il lavoro analitico, come quello della scrittura, è accompagnato in me dalla dimensione visionaria e dalla poesia come struttura portante della costruzione che vado facendo. Mi si stampano dentro i versi dei poeti amati, spesso mi vengono in mente in seduta, nascono dall’inconscio, traducono sentimenti che solo così posso accogliere e a mia volta liberare nella relazione analitica. Più poesie che testi, i sacri testi analitici.

Ho una pessima memoria: non so mai dove Jung parla dell’energetica psichica, e del suo *Libro rosso* ricordo le immagini, e mi perdo a seguire la fantasia degli anni difficili in cui l'ha scritto e disegnato, immerso nella sua malattia creativa. La mente vaga, e pure non dimentico nulla delle storie dei pazienti, dei loro sogni. È la narrazione della vita, la relazione, quella che mi preme, e quella rimane. Ma non c'è verso di stamparmi dentro la teoria. Mi consolo pensando che non tutto può rimanere nella mente. Ma no, la realtà è che seleziono, preferisco portarmi dentro le immagini, non le costruzioni teoriche, annullate insieme a una quantità infinita di esami.

Se devono essere parole siano poesie.

Quanto alle immagini c'è una felicità dell'immagine che si fa cinema. Mi interessa molto, mi riguarda. Entra nella psiche. Ecco, ci siamo: un altro frammento della mia esistenza che si nutre di incontri è quello del cinema. Per ragioni personali, ma soprattutto per una passione nutrita come scoperta da ragazza nei primi cineforum. Ricordo una saletta in cui si arrivava quasi clandestinamente, da una via che fino a pochi anni prima era la via delle case chiuse. Un luogo in cui palpitava *La fontana della vergine*.

Anche qui non ho mai seguito alcuna teoria, ho solo riconosciuto lo spazio delle emozioni, e restituito al mondo quello che mi faceva bene, quella che chiamo "felicità dell'immagine". Perché è questa la scommessa in cui ci si ritrova coinvolti anche facendo il mestiere di analista: liberare l'inconscio dal brutto cinema di sé, dalla fissazione al negativo, pur attraversandolo fino in fondo. E allora è il cinema, l'inconscio creatore degli artisti che entra nelle fibre, e si trova una tana, diventa parte di me, un frammento di storia.

La traduzione delle immagini in parole, inadeguate ma per me in qualche modo necessarie, mi ha coinvolto in libri e interventi sul cinema, sull'immaginario cinematografico, di diversi autori, tra cui Fellini, a partire dai suoi film e dal suo *Libro dei sogni*.[13] Penso che alla fine mi salvi proprio il fatto di essere un'abusiva, un'anarchica che va per una sua strada, senza principi solidi di critica, ma lasciando entrare la provocazione dell'inconscio che l'immagine impone come fiume in piena. E, forse, diventa, in quanto parte importante del mio inconscio, uno strumento terapeutico – per quali vie non so – ma è così.

Lo stesso amore, la stessa passione, l'Eros che mi coinvolge a tratti in modo quasi insostenibile, viene dalla musica, da "quell'amor ch'è palpito dell'universo intero" di Violetta nella *Traviata* di Verdi, dalla "croce e delizia" che si radica come ossimoro nell'inconscio, e che, come tale, mi accompagna fino alla venuta al mondo della mia personale Violetta, incarnazione dello snodo che poi sarà l'avventura madre-figlia.

L'estate fluiva.
Avevamo dimora all'ombra dei pini
e dei cedri nel parco della regina di fiori.
Un sentiero diritto tra i pioppi
portava al lago – ormai una selva
di canne – dove un milione addietro di anni
il villaggio stava su palafitte
e il fango ricopre tuttora ossetti
e punte di freccia (il cane e il gatto
già allora amavano stare all'asciutto
e all'ora dei pasti si mescolavano
tra i ranghi della tribù).
Rebecca maturava lentamente.
Presto sarebbe sbocciata
come il fiore bianco della magnolia.
Però con l'occhio un po' inverso
di chi è disturbato dal sole
o di quello che prima di dire il suo nome
vuole sapere, lì, chi comanda.[14]

Si può "pensare per immagini" e allo stesso tempo avere una musica di fondo che accompagna; il nome Carmen di quel mio primo libro viene dalla *Carmen* di Bizet, ascoltata come leitmotiv permanente della scrittura di quei mesi. Ricordavo lo scritto di Fornari, *Carmen adorata*, alcune sue intuizioni folgoranti, e tutto tornava. Ogni volta che scrivo scelgo con molta cura la musica che mi sta accanto, so che entrerà nello scritto, ne farà parte.

Figura 7 Violetta.

Sul piano biografico personale sono grata alla musica, fa parte della storia di famiglia, seppure una storia minore: il nonno paterno era primo trombone cantabile nella banda della città, i figli suonavano tutti qualche strumento, la figlia era pianista e concertista. Di mio padre ho il ricordo struggente della fisarmonica. Di mia mamma lo sguardo malinconico che si vela mentre ascolta il *Concerto per pianoforte e orchestra n. 2* di Rachmaninov, sguardo che mi accompagna mentre me ne vado su per una stradina di campagna. Della nonna materna la voce di soprano, "un bel dì, vedremo, levarsi un fil di fumo". Cantava sempre, anche quando cucinava la frittata con le rane, che poco prima saltavano.

Le immagini si affollano: cinema, arte, ma anche cucina, è qualcosa di selvaggio che si mescola nell'aria, una selvatichezza che non si addomestica, come succede nelle menti di chi entra in uno spazio analitico. Forse anche per questo il testo che mi è più caro di Jung è *Ricordi, sogni, riflessioni*, con quel suo dar conto del procedere nella scoperta dell'inconscio attraverso i racconti, le narrazioni della vita, gli eventi che aveva attraversato, le tracce, l'importanza dei sogni.

La guida per il percorso analitico è affidarsi ai sogni, al materiale onirico, e Jung mi porta per mano nell'inconscio; o forse, più semplicemente, mi ha tenuto per mano e insegnato la strada dei sogni, per lunghi anni, Dieter Baumann che con suo nonno condivideva le nuotate sul lago d'inverno a Bollingen: la vita, non solo la costruzione teorica di un'appartenenza. Ed è la vita a passarmi davanti nei ricordi, è la memoria dei viaggi a Zurigo, la presenza preziosa dei sogni, la sapienza di Baumann di circumnavigare il mondo inconscio e di restituirlo sotto forma di domanda che mi accompagnava nelle lunghe ore di treno, al ritorno tra una stazione e l'altra. Con i paesaggi che mi facevano compagnia, la neve, o il verde dei prati, le cascate, il profilo delle montagne incantate. Ore solo mie, nel confortevole treno svizzero, carico di sogni e di inquietudine.

Il lavoro analitico è una sintesi dell'esperienza clinica, la mia prima di tutto, la mia parte di clinica soprattutto nell'incontro con me stessa. Solo poi, a partire da qui, la clinica si apre agli altri. Fedele alla relazione con i maestri dell'analisi, da onorare dentro di me. E anche questa attenzione è segreta. Sta ben dentro. Non si fa chiacchiera della vita, come dice Kavafis:

> Non sciuparla portandola in giro
> in balìa del quotidiano
> gioco balordo degli incontri
> e degli inviti,
> fino a farne una stucchevole estranea.[15]

Lo spazio interiore si nutre di silenzio e di segreto; custodisce la traccia della costruzione di sé che si va facendo. Il "sé" nasce da sé. Uno dei testi più importanti di Freud, secondo Musatti, è *Costruzioni nell'analisi*,[16] in cui alla fine dell'esistenza, Freud rimetteva in discussione la *Traumdeutung*, il suo *L'interpretazione dei sogni*,[17] la sua prima opera che aveva dato l'avvio alla psicoanalisi. Ne cambiava il senso: da "interpretazione" a "costruzione". Perché interpretare è partire da una verità già data, costruire invece apre a tutte le possibilità, e si basa sulla relazione, mi insegnava Musatti.

E il Professore sarebbe stato contento, credo, del premio dato a suo nome a uno degli scienziati del team che, scoprendo i neuroni specchio, ha stabilito l'importanza dell'empatia e della relazione su basi neurofisiologiche; il rapporto tra neuroscienze e psicoanalisi si apre alla "costruzione", la cui premessa sta proprio nella reciprocità empatica relazionale. Mi sento sollevata. Allora è così che funziona, davvero. E se è così si risale a Lou Andreas-Salomé e alla genialità della sintesi poetica in cui afferma che per il paziente (ma, credo, anche per il terapeuta) la guarigione è un atto d'amore.[18]

E torniamo a questo punto al mestiere dell'architetto, a misurarsi con il "fare", al senso del lavoro analitico oltre il già dato della conoscenza preventiva, oltre il sapere consolidato, dentro la costruzione come relazione, empatia; bisogna imparare e poi disimparare, come dice Barthes:[19] dobbiamo sapere che ci si avvia per strade sconosciute, e che ogni nuova analisi è "un lavoro da pionieri".[20] Così ne parla Jung, e raccomanda di ricordarsene. Più si va avanti nell'esperienza creativa della costruzione, più si cresce anche di età e di esperienza terapeutica, più si diventa capaci di lasciarsi alle spalle la fantasia onnipotente e difensiva dell'interpretazione. In cambio si ha uno sguardo innocente, curioso, nuovo: non ci si annoia con il già noto, si ricomincia daccapo. La formazione e la lunga pratica analitica costituiscono la base, il fondamento solido che può sostenere la creatività della costruzione, aperta a nuovi progetti, ma ben piantata sulla conoscenza delle basi del terreno, che non siano sabbie mobili, o infiltrazioni, i rischi in agguato dell'inconscio, il nostro come quello delle persone che si rivolgono a noi. E bisogna sapere bene che il narcisismo e l'onnipotenza sono una deriva patologica in cui si può finire "spiaggiati" come un animale marino che sbaglia il giro delle correnti.

La costruzione va lasciata aperta tenendo bene in vista il cartello: lavori in corso. E il confronto con gli altri, sempre mi aiuta a tenere fede all'umiltà della sapienza, al "fare". Così torno alla scelta dell'inconscio che aveva trovato il *perché?* nel salvare l'oggetto d'amore negli altri, e si precisa l'oggetto: salvare me. Ci si cura nel prendersi cura degli altri e di sé, e salviamo noi stessi, l'oggetto d'amore in noi, il progetto di cura che ci ha portato tanti anni fa, anche se sembra ieri, a fare questo mestiere, ancora lasciando aperta la domanda sul *perché?*

Salvarmi è anche salvare questo prezioso punto di domanda, insieme ai tanti segreti che qui ho solo all'apparenza o in parte condiviso; ho raccontato un po' (la scommessa è rischiosa) ma è un'immagine proiettata quella che ho narrato, la parte che può essere svelata.

Il mio modo di pensare per immagini, solo in parte mostrate, è nella metafora che rivela e vela l'affresco protoromanico della piccola chiesa di Santa Maria foris portas a Castelseprio, dove un anonimo artista ha tracciato il segreto della nascita del Sé.

L'ultimo viaggio

E infine, un giorno di metà febbraio del 2020 arriva una telefonata di Maria da Roma. "È morto Dieter." Non era improbabile, eppure sì. Una lunga storia d'analisi, di trasformazione, della ricerca di quel nucleo di sé. Quando dopo diciassette anni tra Milano e Zurigo, tra analisi personale, didattica e supervisione gli avevo detto che forse era arrivato il momento di salutarci, Dieter mi ha detto: "Diciassette anni? Di già?". Così, l'eternità. Il "per sempre".

Mia figlia si offre di accompagnarmi al funerale a Küsnacht dopo qualche giorno. Mi protegge. Lei si muove più di me con conoscenza dei luoghi, dopo due semestri all'Istituto Jung di Zurigo. Cammina tra l'Istituto Jung, il lago e la cattedrale di Küsnacht. Sono frastornata. Orfana. Nel piccolo cimitero una funzione con la donna pastore che parla in tedesco. Dieter parlava almeno cinque lingue, con tanti allievi di tanti paesi diversi. Le ceneri in una buca a terra. Delle rose lanciate come alla fine di un'opera sul palco, lì nella buca. Alle mie spalle Roberto me ne dà una e mi dice: "Prima la metto io e poi lo fai tu". Mi aiuta a rendere concreto il gesto di saluto del lutto.

Poi in chiesa mia figlia Violetta mi accudisce con tenerezza. È lei la madre e io la figlia, come era successo tanti anni prima con la morte di mia madre. Sfilano i ricordi, ciascuno portando addosso l'impronta di lui. Una luce limpida nel cielo. Gli abbracci tra sconosciuti e intimi nella luce di un inconscio tra noi.

Il viaggio di ritorno da Zurigo a Milano con i ricordi che si fanno presenza, i luoghi, le voci, i momenti, i bocconi di vita.

Dopo qualche giorno tutto il paese entra in lockdown. Da allora sono finiti i viaggi ed è iniziato un tempo sospeso tra la vita e la morte, un tempo di trasformazione senza tempo. L'eternità.

Capitolo 3

Psicoanalisi ed etica

Come salvare l'oggetto d'amore

Dalla pandemia alla guerra. Due anni in cui le metafore erano belliche, "Non si deve abbassare la guardia", frasi che riportavano a una costruzione di parole di guerra. E poi è arrivata davvero. La posizione schizoparanoide di cui abbiamo parlato prima sulla pandemia è entrata in scena nella forma della guerra vera.

Ma ripartiamo da Freud e dal carteggio con Einstein e dalle sue parole illuminanti e purtroppo ancora vere su cui per ora possiamo solo riflettere, ancora e ancora.

> Partendo dalla nostra mitologica dottrina delle pulsioni, giungiamo facilmente a una formula per definire le vie indirette di lotta alla guerra. Se la propensione alla guerra è un prodotto della pulsione distruttiva, contro di essa è ovvio ricorrere all'antagonista di questa pulsione: l'Eros. Tutto ciò che fa sorgere legami emotivi tra gli uomini deve agire contro la guerra. Questi legami possono essere di due specie. In primo luogo relazioni che, pur essendo prive di meta sessuale assomiglino a quelle che si hanno con un oggetto d'amore. La psicoanalisi non ha bisogno di vergognarsi se qui parla di amore, perché la religione dice la stessa cosa: "Ama il prossimo tuo come te stesso". Ora, questa è un'esigenza facile da porre, ma difficile da realizzare. L'altro tipo di legame emo-

> tivo è quello che si stabilisce mediante identificazione. Tutto ciò che provoca solidarietà significative tra gli uomini risveglia sentimenti comuni di questo genere, le identificazioni. Su di esse riposa in buona parte l'assetto della società umana.[1]

Continuiamo con la riflessione sulla mancata identificazione con l'altro e quindi sull'espressione opposta, la deumanizzazione. L'impossibilità dell'identificazione diventa al contrario proiezione sull'altro del nemico. *Dissacrazione della guerra*[2] è il testo più importante che fonda il pensiero psicoanalitico ed etico di Fornari.

Franco Fornari (1921-1985) è stato lo psicoanalista più impegnato nella scienza dei conflitti, con le ricerche sulla guerra atomica, con gli studi sul comportamento individuale e quello di massa, a partire dalla sua formazione teorica freudiana e kleiniana, individuando nella "sindrome di deumanizzazione" il riconoscimento della modalità patologica di costituzione del nemico come altro da sé, e nella posizione schizoparanoide (di impronta kleiniana nella divisione tra seno buono e seno cattivo), cioè nella scissione e nella proiezione sull'altro del male, la possibilità di agire la deumanizzazione sul nemico reso oggetto e non più soggetto. L'atteggiamento verso la situazione atomica è per Fornari immerso in un "delirio di negazione", tanto che con l'inizio dell'era atomica "fare diagnosi di delirio diventa problematico". Lo scrive chiaramente nel testo *Dissacrazione della guerra*, che esce nel 1969, in cui appaiono lavori molto importanti sugli aspetti psichiatrici di prevenzione, scritti da colleghi americani soprattutto, ma anche riflessioni di filosofi, e il manifesto programmatico del Gruppo Anti-H, divenuto poi ISTIP, Istituto italiano di polemologia sotto la guida di Luigi Pagliarani. Fornari è d'accordo con Ronald Laing che in Inghilterra sosteneva che lo schizofrenico può essere "fuori formazione" ma che in compenso il normale uomo della strada può essere, senza saperlo, "fuori rotta", e parla della guerra con la definizione di Bouthoul come di un "infanticidio dilazionato". E quando usa i termini psicoanalitici, che sono materia della conoscenza e pratica clinica kleiniana in cui si riconosce, lo fa confrontandosi su molti piani. Nel suo contributo a *Dissacrazione della guerra. Dal pacifismo alla scienza dei conflitti* scrive:

> Il servirsi dell'istinto territoriale per sacralizzare la guerra va al di là della ricerca scientifica per costituirne un certo uso ideologizzato. Ciò che gli etologi animali hanno rilevato nel comportamento animale come istinto territoriale può essere confrontato, sul versante psicologico, con la posizione schizoparanoide la cui caratteristica essenziale è quella di scindere, sul piano psichico, l'universo originario del bambino in oggetti buoni e oggetti cattivi, tra loro separati e investiti rispettivamente di amore e di ostilità. Nell'organizzazione più primitiva ed elementare delle pulsioni istintive umane noi troviamo in effetti qualcosa di sovrapponibile all'istinto territoriale nel senso che tutto ciò che è vissuto nell'appartenenza (vedi territorio proprio) del bambino è sentito come buono, mentre tutto ciò che è vissuto nell'alienità (vedi territorio estraneo) è vissuto come cattivo. Si tratta però di un universo di fantasmi e di emozioni che devono essere verificate nella realtà. La verifica nella realtà porterà a nuove integrazioni, tra cui la posizione depressiva è la più importante e drammatica in quanto antitetica alla posizione schizoparanoide e implicante il vivere simultaneamente l'odio e l'amore verso lo stesso oggetto. In questa prospettiva la guerra nell'uomo non è semplicemente il risultato dell'istinto territoriale ma l'esportazione sul nemico dell'ostilità profonda rivolta verso i propri oggetti d'amore. In quella preistoria dell'uomo che, come Freud ci ha mostrato, è la sua infanzia, oltre alla posizione schizoparanoide che, in quanto scinde gli oggetti del mondo originario del bambino in buoni e cattivi, è sovrapponibile alle manifestazioni generali dell'istinto territoriale, che divide l'ambiente in proprio (buono) e estraneo (cattivo), noi troviamo cioè la posizione depressiva, che ha in sé una dialettica pulsionale e relazionale opposta a quella schizoparanoide. Espressa in termini territoriali, la nuova situazione che sembra presentarsi come probabile in conseguenza della crisi delle istituzioni militari,

potrebbe essere descritta come "situazione di territorio misto". La vita dei gruppi sarebbe cioè spinta a reimportare i conflitti che la guerra permette di esportare.[3]

Ma è in *Psicanalisi della situazione atomica* pubblicato nel 1970 che Fornari esce in modo radicale allo scoperto in prima persona, e si coinvolge nel pensiero della crisi della guerra da sempre praticata, intesa come possibilità legalizzata di trasportare al di fuori dello Stato l'istinto distruttivo. Se la guerra corrispondeva alla fantasia, all'illusione – giocata con tutti gli orpelli e i fanatismi della guerra buona o giusta o santa – di salvare gli oggetti d'amore in quanto propri contro i nemici, gli altri, cattivi e quindi non umani, Fornari scrive che la situazione atomica toglie finalmente la maschera alla guerra e la rivela invece come legata al più nascosto desiderio degli uomini di distruggere ciò che amano.

Che cosa ci dicono oggi le sue intuizioni anticipatorie dei desideri violentemente distruttivi, della visione del mondo in termini schizoparanoidi? Nell'importazione dei conflitti all'interno, nel territorio misto, c'è un'esplosione psicotica che fa a brandelli il principio di realtà. Non solo quindi un discorso il suo che parla della guerra atomica ma anche di quanto di sconvolgente permane nel potenziale di distruttività dell'oggetto d'amore quando dominano gli elementi psicotici. La scienza dei conflitti ha molti più attori che cultori della materia, strateghi della distruttività che propongono continuamente e soprattutto agiscono il potere di eliminare l'altro come "oggetto cattivo". Penso che – anche da questo punto di vista, che tratta della distruttività dell'era catastrofale – un capitolo del suo libro (tra i molti) sia davvero illuminante e valga la pena essere in parte ripreso, proprio per il significato della sua ricerca con quanto andiamo esplorando oggi in noi.

È anche l'occasione per me di tornare con gratitudine a un'epoca in cui, giovanissima, ero accolta nel gruppo dei grandi, Fornari e Pagliarani, imparavo il rispetto e la pratica militante della *satyagraha*, la nonviolenza di Gandhi, mi aprivo al loro mondo, mi formavo a una visione etica della psicoanalisi, prima che ne avessi coscienza e conoscenza teorica e clinica. Visione e pratica etica che non ho più lasciato anche nel mio percorso analitico junghiano, in una ricchezza e molteplicità di orizzonti che è la mia vera ricchezza.

> Responsabilità come processo terapeutico psicanalitico e come processo riparativo dell'era catastrofale. Psicanalisi come messaggio etico.[...]
>
> La responsabilizzazione del medico di fronte alla psicosi come strumento indispensabile per curare la psicosi stessa, ci testimonia che la cura della psicosi può essere attuata solo attraverso un procedimento che, al di là dei suoi aspetti esplorativo-conoscitivi, acquista senso in quanto si congiunge con il tema profondo della morale integrale che è depositata nel nostro inconscio. La cura psicanalitica trarrebbe pertanto la sua validità da una particolare e specifica integrazione dell'episteme con i valori etici originari. Dilatata in un principio generale, tale realtà clinica significa che il più profondo male umano può essere curato dall'uomo solo in quanto l'uomo stesso se ne sente responsabile.
>
> Questo assumere su di sé, comprendendolo e facendosene mallevadore, il male dell'altro, dà al ruolo dello psicanalista uno specifico valore riparativo. Il processo di guarigione verrebbe pertanto messo in moto dall'originaria necessità di mutazione. Il fatto che l'analista aggredito non diventi aggressore evoca cioè l'antica imago materna riparativa, in quanto il soggetto sente che la propria aggressività non trasforma l'altro in cattivo, né lo distrugge come riparatore. Si arriva in tal modo sia alla rassicurazione contro le angosce relative alla distruzione da parte dell'altro (angosce paranoidi) sia alla rassicurazione relativa alla propria distruttività (angosce depressive). Si crea cioè la possibilità che al posto dell'identificazione con l'aggressore si determini l'identificazione con l'oggetto d'amore riparatore, e questa nuova identificazione è ciò che di fatto trasforma le Erinni in Eumenidi. La trasformazione delle Erinni (che esprimono la necessità di violenza che ricade sul soggetto sotto forma di colpa persecutoria) in Eumenidi (che esprimono le istanze riparative)

può essere presa perciò come paradigmatica sia per descrivere il processo che, attraverso la soluzione delle angosce psicotiche di base, conduce la malattia psichica a guarigione, sia per descrivere il passaggio dalla guerra alla pace. Il processo terapeutico psicanalitico può essere cioè descritto come il passaggio del soggetto da un'economia psichica di guerra a un'economia psichica di pace. Non a caso quindi la descrizione della nevrosi è stata fatta da Freud in termini di "conflitti dell'uomo con se stesso" e la descrizione di un felice esito terapeutico come "composizione di conflitti", che di fatto corrisponde a una possibilità di pacificazione dell'uomo con se stesso e il mondo.[...]

Il pericolo quindi più grande non è quello delle bombe atomiche, ma piuttosto quello per cui l'uomo, dissociando i problemi dell'era catastrofale dalla propria originaria necessità di colpa, si serva del delirio di negazione per evitare un accadimento depressivo, inevitabile per la trasformazione radicale di se stesso nei rapporti tra i gruppi. Proprio come se, in procinto di essere distrutti, gli uomini volessero in anticipo chiudere gli occhi per non vedere la distruzione, nell'illusione psicotica che il non vedere la distruzione chiudendo gli occhi equivalga a negarla o a evitarla come reale. Il nostro destino diventa ancora più preoccupante se ci soffermiamo sulla constatazione che, mentre la vita dei singoli oggetti si è sempre svolta come vita di soggetti svegli, la vita dei gruppi, per quello che concerne le dimensioni psicotiche nelle quali essa è immersa, sembra essersi da sempre svolta come in un grande sonno.[4]

Lo scritto di Franco Fornari potrebbe oggi essere letto come profetico non solo per quanto riguarda la realtà collettiva che non ha esaurito certo i pericoli della guerra nucleare (negli anni Sessanta e Settanta più evidente per la contrapposizione del mondo in blocchi, con la Guerra fredda) ma per le nuove angosce che portano nel mondo anche la distruzione della vivibilità della terra. Il suo discorso sulla tendenza paranoide a scotomizzare la realtà e a vivere come in un grande sonno si configura, nel mondo globale come nel nostro paese, di attualità purtroppo sconvolgente. Non solo per la guerra, ma per la gestione paranoica dei conflitti, per l'acutizzarsi dei deliri psicotici, per lo spostamento dalla realtà a quello che Fornari stesso chiamerà "modalità inautentica e feticizzata".

Riporto infine dal libro *Psicanalisi della situazione atomica*, introvabile come *Dissacrazione della guerra*, la visione di fondo sull'etica della psicoanalisi che non possiamo che condividere.

> Questo è dunque il messaggio che la psicanalisi, o meglio la psicanalisi meditata in un certo modo, può portare all'uomo dell'era catastrofale. Esso contiene un vigoroso appello al mondo affettivo umano come valore originario riscoperto dopo la discesa agli inferi operata dalla psicanalisi; discesa alla quale è legata la messa in crisi di tutte le modalità inautentiche e feticizzate di intendere il mondo dei valori, proprie dell'era pre-catastrofale, della quale forse l'epoca vittoriana (dalla quale Freud prese le mosse per rivelarne tutte le ambiguità e tutte le ipocrisie) può essere considerata come paradigmatica. Al di là di ogni ipocrisia e di ogni ambiguità, la riscoperta dei valori etici come originari e fondanti l'uomo, che abbiamo visti strettamente collegati alla coscienza come intenzionalità e coscienza affettiva, impegna da sempre l'uomo al drammatico rischio della non sopravvivenza, che fantasticato oscuramente nelle profonde origini dell'uomo come animale nuovo, riemerge nel momento dell'assoluto pericolo, per farci riscoprire una strada antica, attraverso la quale abbiamo imparato da sempre a salvare dalla distruzione i nostri oggetti d'amore.
>
> Non so se così espresso questo messaggio sarebbe piaciuto a Freud. Eppure dal momento in cui Freud enunciò la dottrina degli istinti di morte l'evoluzione del significato della psicanalisi nel senso che ho proposto sembra inevitabile. Sembra cioè di dover ritenere che la nevrosi e la follia non sono semplicemente determinate dal conflitto tra l'uomo e i suoi istinti, ma piuttosto dal fallimento dell'uomo a far evolvere tali conflitti in senso autenticamente umano, attraverso la responsabilità riparativa. È evidente infatti che, ammessi gli istinti di morte, la pretesa dell'uomo di evitare la follia attraverso la pura accettazione della sua istintività separata dalla necessità

di colpa (situazione che abbiamo chiamata la via fascista della psicanalisi) non può che condurre al naufragio catastrofale definitivo dell'umanità. Del resto fin dal 1931, nel "Disagio della civiltà", Freud aveva già ben presente l'attuale situazione catastrofale, prevedeva lo sterminio dell'umanità e riconduceva a questa prospettiva tragica il vero disagio nella civiltà.

Attraverso la sua stessa testimonianza sembra cioè possibile smentire l'opinione dello stesso Freud quando fa semplicemente risalire la nevrosi al fatto che la civiltà impedisce agli uomini l'espressione libera dei loro istinti. "Se le inquietudini e le infelicità dell'uomo sono connesse alla sua possibilità di distruzione totale, legata all'originaria e istintiva necessità di violenza, allora l'inquietudine e l'infelicità dell'uomo dell'era catastrofale sembrano dovute proprio al fatto che, non riuscendo a controllare i propri istinti, l'uomo è ora esposto alla possibilità di distruggere egli stesso la propria civiltà, come proprio oggetto d'amore."

È comunque probabile che Freud, forse per la tendenza (che è insieme umile e aristocratica) allo scetticismo distaccato proprio dello scienziato positivista formatosi nella seconda metà dell'Ottocento, avrebbe avuto grosse perplessità e forse un grosso pudore a legare strettamente la psicanalisi ai valori etici, per farne il messaggio dell'era catastrofale.

Eppure si racconta un episodio della sua vita che lascia supporre che egli intuisse la radicale funzione etica che la psicanalisi avrebbe potuto assolvere nel mondo moderno.

Laforgue riferisce infatti un episodio narrato da uno dei collaboratori di Freud che, per tutto il nostro discorso, può essere molto significativo.

Parlando del quadro di san Geronimo dipinto da Schwind, nel quale si rappresenta il santo che aveva venduto l'anima al diavolo perché il diavolo gli procurasse il materiale per costruire una cattedrale, Freud chiese a un certo punto ai suoi allievi chi, secondo loro, rappresentasse il diavolo e chi rappresentasse il santo. Gli allievi risposero naturalmente che Freud era il santo. Ma Freud rispose: "Non sapete dunque che sono io il diavolo? Nel corso della mia vita ho dovuto fare la parte del diavolo, perché altri, dopo di me, costruissero cattedrali, con il materiale che io fornivo".[5]

Ma il rischio è che le cattedrali diventino delle roccaforti inespugnabili, chiuse alla folla di profughi, migranti e straccioni che preme alle porte, impenetrabili e sigillate in un sapere che non si confronta più umilmente con quanto di incomprensibile agita il nostro mondo. Il tentativo è di prendere aria, aprire la *porta santa*, riflettere mettendo in relazione l'esperienza clinica con il compito etico della psicoanalisi, con il sapere che passa per le strade del mondo, e con la domanda che si poneva Pagliarani: "È possibile organizzare la speranza? La risposta della 'cultura della confidenza' non può che essere affermativa, deve essere 'sì'. Ma non coincide con l'ottimismo. Sembrano più rassicuranti e realistiche le basi della speranza intraviste dal poeta: Finché il distruggere è più vantaggioso/del costruire e/finché/non saranno eliminati coloro/che hanno il vantaggio, fino allora/ci sarà forse di tanto in tanto un po'/di calma. Sicurezza/nessuna".[6]

Psicoanalisi, fiaba e storia: il pifferaio magico e la crociata dei bambini[7]

C'era una volta la città di Hamelin in Germania. Era una città molto graziosa, ma aveva due grossi difetti: i suoi cittadini erano molto avari e le sue cantine piene di topi.

Di gatti neanche l'ombra perché, siccome qualcosina costavano ai padroni, erano stati cacciati.

Fatto si è che i topi diventavano tanti e tanti che non era più possibile vivere nella città.

Si pensò allora di far tornare i gatti scacciati, ma i topi li misero in fuga. Era una vita beata la loro.

Ce n'erano di tutti i tipi: topi, topini, ratti, rattoni e per tutti c'era da mangiare: nei granai, nelle cucine, dove c'erano molte forme di formaggio. I poveri cittadini, non sapendo più che fare, si rivolsero al loro sindaco, ma anche quello più che dire "Cercherò… Farò… Non so… Insomma…" non faceva.

Ma ecco che una mattina comparve in città un ometto minuto tutto brio e allegria che disse al sindaco: "Io vi libererò dai topi, ma voglio in cambio mille monete d'oro".

Al sindaco la richiesta non parve esagerata e promise la ricompensa, scambiando con l'ometto una bella stretta di mano.

L'ometto, allora, prese da un sacchetto che portava a tracolla un piffero e diede due o tre zufolate. Subito i topi che erano nello studio del sindaco, nascosti qua e là, balzarono fuori e, quando l'uomo uscì, lo seguirono. Il pifferaio continuò a suonare in strada e nugoli di topi lo seguirono squittendo felici.

Nelle loro testoline vedevano montagne di formaggio tutte per loro, vedevano dispense con ogni ben di Dio pronte a essere saccheggiate.

E la marcia trionfale del suonatore continuò: da tutte le case uscivano a centinaia topi di tutte le dimensioni, di tutte le età, anche i più saggi e i più furbi tra loro credevano a ciò che la musica magica prometteva!

E la gente, affacciata alle finestre, appoggiata ai muri delle case guardava esterrefatta e felice quella smisurata fila di roditori che seguiva il suonatore. Finalmente, quando tutti i topi della città furono riuniti dietro a lui, il suonatore si avviò verso il fiume e le bestiole dietro, sempre più affascinate dalla musica magica. Il pifferaio entrò a un tratto nell'acqua e quelli ancora dietro; avanzò finché non fu immerso fino al collo e i topi lo seguirono incantati e fiduciosi.

Egli allora si fermò in mezzo alla corrente e seguitò a suonare e i topi per un po' nuotarono e poi, siccome da lui non potevano allontanarsi, finirono per annegare tutti, nessuno escluso! Allora il suonatore uscì dal fiume, si scrollò l'acqua di dosso e si recò dal sindaco, per ricevere la dovuta ricompensa.

Il sindaco, come lo vide entrare, arricciò il naso e gli chiese: "Che vuoi tu?".

Il sindaco si affacciò al balconcino del municipio e chiese ai concittadini quel che doveva fare e tutti furono d'accordo con lui, da quegli avaracci che erano. Il pifferaio allora amareggiato e molto arrabbiato minacciò: "Vi pentirete oh, se vi pentirete di quello che mi fate!".

Uscì in strada ed eseguì una scala col flauto soffiato a tutte gote, poi, aiutandosi con le agili dita, emise dolcissimi suoni.

Tosto si videro teste di bimbi guardare giù dalle finestre, volgersi verso il pifferaio, poi un ragazzino uscì dalla casa e guardò con entusiasmo l'uomo che suonava.

A lui si unirono due, tre compagni e tutti guardavano come affascinati il suonatore.

E questi non smise di suonare, anzi la sua musica diventò più dolce e persuasiva e nella mente dei bambini faceva nascere visioni di città tutte balocchi, di città tutte dolci, senza scuole, senza adulti che volevano comandare a ogni ora del giorno.

E la schiera ingrossava sempre più e tutti i componenti erano felici e ridevano, e tenendosi per mano cantavano seguendo sempre più affrettatamente il pifferaio.

Ed ecco i genitori rincorrere quella schiera di gioiosi figlioli che se ne andavano con l'omino così, come i topi che lo avevano seguito sino alla morte!

Ma essi si stancavano da morire e non riuscivano a tenere il passo con i loro figli che camminavano sognando cose meravigliose...

Il sindaco, chiuso nelle sue stanze, si strappava disperato i capelli. Intanto il suonatore si avviava verso la grande montagna che si trovava proprio alle spalle della città.

I bimbi dietro cantavano: erano così felici di seguire quell'omino che nessuno li avrebbe distolti dal loro proposito.

Giunsero così a metà montagna: al suono del piffero questa si aprì e tutti, pifferaio in testa, entrarono nella fenditura che si richiuse ermeticamente dietro l'ultimo della fila.

Ne restò fuori solo uno zoppetto che non era riuscito a camminare veloce come i compagni.

I cittadini che giunsero sul luogo dopo qualche tempo, lo trovarono là che piangeva disperato per non aver potuto raggiungere i suoi amici.

Dei bambini non c'era più traccia e nessuno seppe mai ciò che ne fosse stato.[8]

La storia: nel giugno del 1212 si radunano a Vendôme, secondo i racconti dell'epoca, trentamila bambini, nessuno maggiore di dodici anni; tra di loro, contadini i cui genitori non avevano vietato la missione, figli di nobili fuggiti invece di casa per seguire Stefano – il bambino che infiammato dalla veggenza aveva deciso di fare una crociata sul modello dei grandi – e i "piccoli profeti"; la meta del loro viaggio è Marsiglia, ma molti bambini muoiono lungo la strada. Una volta giunti, si radunano al porto nella fiducia che il mare li lascerà passare, aprendosi davanti a loro. Il miracolo non avviene: molti tornano a casa, ma la maggioranza rimane lì ferma ad aspettare che Dio si impietosisca e apra le acque. Poco più tardi due mercanti di Marsiglia offrono delle navi per portare i fanciulli in Palestina, ma è un inganno: le navi che non fanno naufragio sono consegnate ai saraceni e i piccoli sono venduti come schiavi. Della fine della storia si viene a sapere solo molti anni dopo. Intanto in Renania un altro fanciullo, Nicola, inizia una predicazione analoga a quella di Stefano, e raccoglie a Colonia un esercito di bambini pronto a partire per l'Italia, per il mare. La spedizione si divide in due gruppi. Anche qui molti non ce la fanno durante il viaggio; tra coloro che giungono a Genova, di fronte al mare che non si apre, alcuni accettano di fermarsi accolti dai genovesi. La maggioranza però va avanti e raggiunge Pisa, imbarcandosi; di loro si perde notizia. Nicola va con altri a Roma da papa Innocenzo III che li convince a tornare a casa. Nel viaggio finale molti si perdono, o si sbandano, o si fermano, accolti o usati da qualcuno.

Nel racconto, riportato dai contemporanei, prevale l'irritazione per la sconsideratezza degli eventi. "Questa cosa mai udita nel corso dei secoli."[9]

Solo l'annalista della Cronaca di San Medardo di Soissons dà, una cinquantina d'anni dopo, una curiosa interpretazione dei fatti e coglie una sincronicità: "Alcuni affermano che prima di queste strane partenze di bambini, di dieci in dieci anni, pesci, rane, farfalle e uccelli erano partiti allo stesso modo, ognuno secondo l'ordine e la stagione della sua specie". E lo storico chiosa:

> Le partenze meravigliose rientrano dunque in un ritmo di vita cosmica. Raramente, nell'analisi dell'idea di Crocia-

> ta, l'avvenimento ha svelato meglio il suo significato. [...] Emergono immagini che sembrano colpire profondamente l'inconscio collettivo degli uomini del Medioevo: quella degli sciami di insetti in particolare. [...] Quel che accade agli animali è insieme l'annuncio e la spiegazione di quel che accadrà fra gli uomini.[10]

Migrazioni, riti di purificazione, sciami di partenze sacralizzate con benedizione di bastoni, armi e bagagli dei pellegrini, sempre pretendendo di essere dalla parte del dio giusto, "*With God on our side*". La storia ci dice che

> nel corso del XII secolo tutta la Crociata sembra trasformarsi in *novus ritus* per opera dei Concili, che decretano la crociata permanente sino a farne un rito penitenziale. [...] Dopo la presa di Gerusalemme, la Crociata diventa rito sacro, pellegrinaggio collettivo ai Luoghi Santi, regolare: nel 1234 i marsigliesi sono in trattative per il trasporto annuale di seimila pellegrini.[11]

Conviene ricordare che solo pochi anni prima, nel 1212, altri marsigliesi avevano trattato la vendita degli "stupidi bambini", armati solo di un'assurda ingenuità.

Con i bambini siamo alla follia mistica; niente a che vedere con l'istituzionalizzazione della "crociata permanente" in cui siamo al mercato, alla fruizione collettiva della crociata come consumo "santo" della guerra contro l'infedele. E infatti dei bambini si diffida, del mercato no. Ma ancora più a monte, a volte succede che i fatti siano raccontati con semplicità, per quello che sono, come scrive tale Antonio di Lubecca che riporta la cronaca e trapela una verità semplice, scontata, essenziale: "Venendo il tempo in cui i re hanno costume di far guerra, il popolo santo dei cavalieri piamente intraprese il suo pellegrinaggio".[12]

Il pensiero è talmente preciso che si adatta perfettamente alla guerra di oggi, ai malefici che porta, alle ragioni per cui viene scatenata, al conseguente "pio pellegrinaggio". E i luoghi sono ancora gli stessi, e la follia, l'insensatezza, la brutalità, lo scatenamento del demone della violenza, e le mille ragioni più una di sopravvivenza dei re "venendo il tempo in cui hanno costume di far guerra".

Se stiamo alla storia e la leggiamo con "esprit de finesse", ecco che la storia ci cattura e si fa leggere in modo molto complesso, in cui prendono corpo realtà e metafore. Dunque, chi sono oggi i "bambini"?

Il racconto poetico che fa Marcel Schwob, nella particolare messa in scena della *Crociata dei bambini*, evoca presenze che si muovono ancora nel mondo reale e che riecheggiano per noi nell'interiorità, per quel modo di andare fiduciosi verso il massacro, nel nome di una fede che non vuole conferme, che si dà, che si chiama in mille modi, ma sopra tutto ha il nome di fondamentalismo: in una totale incapacità di dialettizzare, immersi nell'integralismo, cogliendo aspetti parziali di verità provvisorie si vive fuori dalla capacità di simbolizzare, e si inventa un mondo in cui vale la letteralizzazione degli eventi. È così che si rimane per sempre nel baluginare dell'infanzia. Sono bambini totali – massa di manovra per "i re che hanno costume di far guerra" –, hanno sguardi innocenti, non sanno il bene e il male, e vivono alla lettera, convinti che il mare si aprirà per loro, che l'acqua si muterà in prato e sabbia. La puerizia li possiede, oltre l'età, sono certi della vittoria e hanno per compagni "la Bibbia e il fucile" o il Corano, a seconda del campo.

> Erano persuasi – scrive Borges – di riuscire a traversare i mari a piedi asciutti. Non li autorizzavano forse, e proteggevano, le parole del Vangelo: 'Lasciate i piccoli venire a me e non glielo vietate'? Non aveva dichiarato il Signore che basta la fede a muovere una montagna? Fiduciosi, ignari, felici, si avviarono verso i porti del Sud. Il miracolo previsto non avvenne. Dio permise che la colonna francese venisse catturata da mercanti di schiavi e venduta in Egitto; la tedesca si perse, scomparve divorata da una geografia barbara e (si congettura) da pestilenze... Dicono che sia rimasta eco nelle

tradizioni del Pifferaio Magico. In certi libri dell'Indostan si legge che l'universo non è altro che un sogno della divinità immobile che esiste indivisa in ogni uomo.[13]

L'innocenza ferita è quella dei bambini rapiti dal Pifferaio di Hamelin, che si vendica del mancato pagamento pattuito in cambio dell'aver liberato la città dai topi, portando dietro di sé, dietro la musica che seduce, che strega, i figli della città.

E i versi di Marina Cvetaeva raccontano la città feroce nel rifiuto, la città bottegaia e senz'anima:

Vecchia e vetusta è la città di Hammeln,
parca di parole, severa nell'opera,
fedele nel grande, fedele nel piccolo:
Hammeln è un'illustre città.

Nella notte che comparve la cometa
dormì sodo e senza svegliarsi.
Con saldezza costruita, con cura spazzata,
piaggiamente rassomigliante.
[...]

Ma ragionate, a che – l'anima?
Non vi pare un – oggetto inutile,
come una giardiniera – un'amaca – un clarinetto,
nella nostra esistenza?

Nella città di Hammeln – segnatelo –
non c'è un solo clarinetto.
Nella città di Hammeln non c'è
un'anima, ma quanti corpi in compenso![14]

Molte le suggestioni tra storia, leggenda, mito. La fiaba ricompone la vicenda, come se ci fosse una vendetta consumata, come se i bambini delle crociate fossero le inconsapevoli truppe a seguito di un pifferaio malvagio, ma divenuto tale perché non visto, né in qualche modo riconosciuto, tradito da una città ingrata. Verità elementare, tragica, delle rivoluzioni in cui il suono del piffero porta via. Oppure è un'altra storia: forse qualcosa rimane impresso nell'immaginario collettivo sotto forma di fiaba perché rielabora contenuti indigeribili, visioni assolute di una crociata come liberazione dal male – la pestilenza, i topi – che si incarnano nella buia negatività degli "infedeli", dei nemici da combattere per la conquista del primato del mondo. Metafora più che mai attuale. E il piffero suona, suona.

Ma sono i "bambini" a esserne sedotti, i "bambini" a pagare, gettati allo sbaraglio, come ostaggi a perdersi nel nome di un luogo Santo. (Ma cambia oggi la musica della città che chiede il Santo Petrolio?) Non c'è una guerra che non si proclami santa e giusta e che non abbia come obiettivo principale la riduzione a demonio del nemico. E oggi, a centinaia di anni di distanza, per quale stolta imitazione dei "grandi" si va a morire sedotti dal Pifferaio Magico? Quale il diritto leso del Pifferaio? Quale pretesa verità, e chi è in realtà, quale il suo volto dietro l'immagine del diritto negato?

Oppure è un'altra storia ancora: negli anni passati abbiamo visto tanti bambini partire; forse comunque una parte di noi (sogno della divinità immobile indivisa in ciascuno, come ricorda Borges) si è messa in cammino, ogni volta senza pensarci, verso una crociata, un tentativo di letteralizzare e assolutizzare, con incoscienza, con quel tipo di buona fede che uccide.

Ma erano, eravamo, gli "stupidi bambini" o gli "innocenti"?

Quale parte di infanzia in noi è disponibile in fondo a lasciarsi sedurre dalle parole d'ordine integraliste, è tratta in inganno da illusioni d'amore per cui giocarsi la vita? Dalla fantasia di un cambiamento assoluto ed eroico, in cui rinnovare la meraviglia e l'onnipotenza del tempo perduto dell'infanzia? Ma intanto i "grandi" apparecchiano le macchine da guerra e organizzano i profitti nel nome delle crociate.

Nel testo poetico di Marcel Schwob forse c'è un modo, se non di trovare risposta – temo impossibile –, di non smettere di porci la domanda. Quando racconta la storia con la voce dei fanciulli le sue/loro parole sono di lieta novella, di fiducia totale nel bene verso cui con gioia si va; basta il miracolo del mare che si aprirà per lasciar passare i "puri di cuore": l'inganno, l'illusione onnipotente, il gioco tremendo, le voci folli.

> Da molto tempo camminiamo. Voci bianche ci hanno chiamato nella notte. Chiamavano tutti i bambini. Erano simili alle voci degli uccelli morti durante l'inverno... La terra ha oscure foreste, e acque, e montagne, e sentieri pieni di rovi. E dove la terra finisce c'è il mare che presto attraverseremo. E dove il mare finisce c'è Gerusalemme... Ci dicevano che avremmo incontrato nei boschi orchi e lupi mannari. Si tratta di menzogna. Nessuno ci ha voluto spaventare; nessuno ci ha fatto del male... Da quando camminiamo il sole è diventato caldo e non cogliamo più gli stessi fiori. Ma tutti gli steli possono essere intrecciati in identiche forme, e le croci sono sempre fresche. Così la nostra speranza è grande, e presto vedremo l'azzurro del mare. E alla fine del mare azzurro è Gerusalemme. Il Signore lascerà che tutti i bambini vadano alla sua tomba. E le voci bianche saranno voci di gioia nella notte.[15]

Questa è la crociata dei bambini. E non può che finire in massacro, in catastrofe. La certezza assoluta del bene incombe come una mannaia sulle loro teste fanciulle, non contaminate, non tenute in salvo dal dubbio, non allenate alle domande, sicure della salvezza. Stupidi o innocenti?

> Su di loro, lassù nelle nuvole,
> vedo altri cortei, nuovi, grandi!
> Vanno a fatica contro i venti freddi,
> i senza patria, i senza meta,
>
> cercando una terra di pace,
> senza il tuono, senza l'incendio,
> non come quella che lasciano.
> E immenso diventa il corteo.[16]

Saranno loro i “bambini di dio” nella giungla asiatica, o dell’Africa di oggi? O i figli del terrorismo e del terrore? Sono loro i volti su cui è stampato il motto “colpisci e terrorizza” e gli altri che si fanno saltare in aria come donne e uomini bomba? O altri ancora più vicini a noi che non sanno nulla e da tutto possono essere sedotti, nella scia del Pifferaio di Hamelin, pronti al suono? Quale parte di noi li trova stupidi, e quale innocenti?

Ma soprattutto c’è chi cinicamente ne fa uso, come massa di manovra inconsapevole del massacro, non solo dei corpi, ma delle menti. Ci sono “i re che hanno deciso di far guerra” a profittare dell’ignoranza in cui sono tenuti i piccoli. Quest’ultima guerra in Ucraina ha visto in campo i bambini dagli occhi sgomenti, dagli occhi straziati, dagli occhi innocenti. Imperialismi e nazionalismi, fino alla morte, senza spazio per una cultura di pace, bollata come una fantasia infantile o senile (se a parlare erano i giovani o i vecchi, il “movimento” o il papa), senza spazio per la pietas.

Nella *Crociata dei bambini* Marcel Schwob fa parlare tante voci, e in quella di Gregorio IX anima un aspetto del materno, dolente per i bambini perduti.

> Eccolo il mare divoratore, che pare innocente e azzurro… È un cielo liquido e i suoi astri sono vivi… i miei occhi ti interrogano. Mediterraneo, rendimi i miei bambini! Perché li prendesti?… soli, simili a piccoli vagabondi, colmi di una fede furiosa e cieca, si lanciarono verso la terra promessa e furono annientati… Cosa fare qui in terra? Si dovrà costruire un monumento espiatorio, un monumento alla fede che non sa. Le età che verranno dovranno conoscere la nostra pietà e non disperare… E tu mi restituirai i corpi dei miei bambini, mare innocente e consacrato…tutti quei piccoli ossami bianchi distesi nella notte.[17]

La pietà deve costruire un “monumento alla fede che non sa”, e intanto ricompone corpi sfracellati, resti bianchi come le voci da cui i bambini erano stati chiamati, mentre i grandi non sapevano né potevano fermare l’esodo, la migrazione peregrinante verso l'assoluto, oppure se ne servivano, e contrattavano con i mercanti di schiavi.

Continuamente il piano reale e il simbolico si intrecciano, si sovrappongono, stanno all'incrocio tra i fondamentalismi in cui il mondo è immerso, nella cecità in cui voci bianche e innocenti vanno incontro alla fine cantando, mentre "viene il tempo in cui i re hanno costume di far guerra" e gli steli sono intrecciati "e le croci sono sempre fresche".

La crociata oggi usa parole d'ordine antiche, contro gli infedeli, per la liberazione, e il Pifferaio guida verso il massacro, e i bambini manovrano bombe "intelligenti" e si lasciano sedurre da fantasie, da sogni distruttivi in una spirale feroce che rende tutti bersagli della contaminazione e della morte della natura e delle coscienze. Di nulla tiene conto il potere se non dello specchio maligno che riflette la paranoia da cui è afflitto. E la guerra, nuovamente travestita da crociata con cui sedurre gli innocenti, appare per quello che è: la più grande costruzione schizoparanoide in cui l'umanità può infilarsi, la costituzione dell'altro come "nemico" in cui collocare tutto il male, tenendo per sé solo la certezza della verità e della giustizia, in un tripudio di negazione e attribuzione paranoica al nemico di tutta la violenza, tenendo per sé la legittima difesa "preventiva".

> L'alienazione dell'odio, conseguenza diretta della alienazione della morte, sta alla base della "grande illusione" che trasforma "l'altro" in nemico e ci conduce alla guerra. [...] Per questa grande illusione percepiamo i nemici come quelli che vogliono farci morire, e sentiamo la guerra come legittima difesa, allo stesso modo in cui sentiamo legittimo espellere da noi la morte per non avvertire l'angoscia mortale. [...] La morte che ci siamo illusi di poter espellere da noi continua a perseguitarci e ora che siamo sull'orlo dell'abisso e implacabilmente avviati verso la distruzione, rischia di precipitarci addosso tutta in una volta.[18]

Le parole di Franco Fornari suonano terribilmente attuali: la guerra è violenza legalizzata che serve a negare il senso di colpa, definendo il confine tra umano e non umano, e la parte d'infanzia disposta a giocare, alla crociata come ai soldatini, si mette sull'attenti, pronta a partire – almeno con la mente – via dalla responsabilità dolorosa della comprensione, dalla fatica di esserci con un senso.

Capire, opporre il tempo della riflessione a quello della paranoia, è un compito che tocca a tutti, con la forza della storia, della memoria, e l'illuminazione della musica, della poesia, del sentimento e della ragione.

Ieri, oggi, ci proviamo a dire di no, a rintracciare un senso, e mentre i re chiamano alla crociata ascoltiamo il bisbigliare dei piccoli perduti nel bosco del ricordo, del mare che custodisce ossami bianchi a cui nessuno bada, e ci inventiamo, tentiamo un altro mondo possibile, per costruire la vita senza rimuovere il male ma senza cedere, e senza dimenticare i bambini che – stupidi? innocenti? – sono venuti prima di noi.

> Quelli che hanno letto milioni di libri
> e quelli che non sanno nemmeno parlare,
> ed è per questo che la storia dà i brividi,
> perché nessuno la può fermare.
> La storia siamo noi, siamo noi padri e figli,
> siamo noi, bella ciao, che partiamo.
> La storia non ha nascondigli,
> la storia non passa la mano.
> La storia siamo noi,
> siamo noi questo piatto di grano.[19]

Capitolo 4

Via crucis: famiglia, cinema e poesia

Dona Signore al tuo popolo
pastori che inquetino
la falsa pace delle coscienze.

CARLO MARIA MARTINI[1]

Dalla "dittatura dell'io" alla gratitudine del noi. Una collega mi fa riflettere: "Il tabù oggi non è il sesso ma la gratitudine". Torniamo a Melanie Klein, al suo testo *Invidia e gratitudine*, al mondo dell'io a cui siamo condannati e ancora alla fiaba della Regina delle nevi, al ritorno a casa liberi dal ghiaccio e "bambini nel cuore".

Ascolto ogni domenica l'Angelus di papa Francesco con gratitudine. Una volta dice: "Convertiamoci dall'io al tu. Dio ci ha creati per camminare insieme, non per essere condottieri solitari; [...] per custodire l'armonia in famiglia bisogna combattere la dittatura dell'io, dialogare. Da silenzi troppo lunghi e da egoismi non curati nascono e crescono conflitti, a volte si arriva perfino a violenze fisiche e morali".[2]

Le parole di papa Francesco mi accompagnano durante i giorni, durante le difficoltà con i pazienti, come una musica di fondo, mi viene in mente *Oblivion* di Piazzolla.

Quanto è stato complicato fare famiglia fra la croce e la delizia delle immagini che hanno traghettato buona parte della mia generazione.

Ma tant'è. È parte fondante della mia famiglia interna e quindi, come fiaba, la ripercorro in parte narrata. La narrazione è nutrita da Federico Fellini, Marco Bellocchio, Nanni Moretti, Giuseppe Bertolucci e Alina Marazzi, anello di congiunzione tra immaginario cinematografico e poetico.

Ho continuato a entrare dentro le immagini dei film, tra la storia di famiglia raccontata da Alberto, il poeta, fino alla narrazione del romanzo familiare in versi *La camera da letto* di Attilio Bertolucci, presenza poetica, e al mio incontro con lui e con la sua poesia.

Così si può sopportare la complessità del focolare per aprirsi a una speranza tra l'io e il tu, riaprire il mondo interno ed esterno alla relazione.

Mi accorgo che *La Regina delle nevi* mi ha accompagnato fino a qui. Tra cinema e poesia come una fiaba che mi riguarda, che coincide con la gratitudine che mi ha riportato a casa.

L'horror del focolare[3]

La crudeltà delle fiabe dei fratelli Grimm porta a galla una ferocia che è nell'anima e nel corpo del gioco della guerra, e più in generale del male. Immagini insostenibili. Dai campi di sterminio alle guerre attuali. Il gioco del sangue. Crudeltà, massacri, come i bambini che giocano al macellaio, oppure come la fiaba della carestia.

L'orrore si cela dentro le immagini archetipiche della storia, ma risale ai miti, e le fiabe mettono in campo il male e la distruttività dell'animo umano. Ma cosa ci passa dentro l'anima con le immagini della guerra, della distruzione oggi? La de-umanizzazione, la dissacrazione della guerra di cui ho trascritto le parole di Franco Fornari.

L'umanità violata passa dalle parole del papa. La storia personale si ricapitola nella storia del mondo, fino alla guerra, definita dal papa "massacro e sacrilegio".

Le fiabe del focolare raccontano i disastri del male e vero scenario di horror. Ma entriamo nei particolari.

Questa è la storia dei cinque fratelli,
di un lettone combinaguai e di un lettino stregato.
Io sono quello che tiene il conto, da cui
ho tratto il racconto. È una sera di prima estate
quando le giornate sono più lunghe e la notte
la fantasia è più dolce. Il tempo per i rimpianti
è scaduto, e sotto il ponte l'acqua è passata.
I fratelli, il lettone, il lettino… ecco, ora sono una fiaba.
La raccontiamo ai nuovi bambini
cercando nel cielo la stella dei desideri;
loro sono cascati nel sonno, e sulla bocca
la stella gli resta a metà.[4]

Le fiabe sono vere, ripeto con Italo Calvino, con semplicità. Passano nelle nostre vite, nelle memorie di infanzia, la nostra come quella dei nonni e dei nostri figli, nei racconti dei pazienti, brandelli di storia, miti minori che attraversano la vita, lasciando una traccia nell'inconscio, quasi frammenti di una psiche arcaica, emersi attraverso i racconti popolari tramandati e raccolti, trasformati eppure con un percorso comune alle diverse culture, una affabulazione disseminata. Come abbiamo visto con Cenerentola, forse la più nota delle fiabe popolari: sotto il nome di *Ciclo di Cenerentola* se ne contano nella sola Europa almeno cinquecento versioni, e circola in molte altre culture, dall'India al Nordafrica; non c'è una raccolta letteraria importante che non la riporti da Basile, a Perrault, ai Grimm.

Cenerentola è l'eroina che trasforma un danneggiamento, un'origine stratificata nel negativo, nell'umiltà della cenere a cui è costretta, in una speranza, in un progetto trasformativo, in un vero percorso iniziatico del femminile, a partire dall'adolescenza.

Vorrei raccontare qui l'horror del "buon tempo andato", che tra fiabe e filastrocche faceva parte del romanzo di formazione di un'infanzia che non si misurava con il cinema horror delle generazioni successive ma che stampava nella psiche, indelebile, la paura di un quotidiano che con dolcezza di cantilena metteva in guardia da una realtà materna potenzialmente mortifera: "Uccellin che becchi l'uva/se verrà la mamma tua/porterà il perino cotto/bada bene che ti scotti/se ti scotti il becchettino/morto morto l'uccellino".

E l'horror autentico compare in un tripudio di sangue nella prima versione, due secoli fa, delle fiabe del focolare dei fratelli Grimm. Ma andiamo con ordine. Nel dicembre del 1812 Jacob e Wilhelm Grimm pubblicarono il primo volume *Kinder-und Hausmärchen* a cui fanno seguito altre sei edizioni, modificando in modo sostanziale le storie fino all'ultima edizione del 1857. Tra la prima e l'ultima corrono differenze abissali, dal momento che i Grimm, sulla spinta da una parte delle critiche ricevute e dall'altra del loro bisogno di abbellire e rifinire il materiale delle narrazioni, lavorano di cesello alle fiabe. All'inizio i Grimm, eccellenti filologi, avevano usato una serie di "raccoglitori", soprattutto donne, per farsi raccontare e quindi scrivere storie che passavano nella tradizione orale da un paese all'altro, da una casa all'altra, e le avevano raccolte e trasmesse.

Via via nelle successive edizioni, a partire già dalla seconda del 1815, alcune storie scompaiono, altre vengono rimaneggiate, trasformate, rese edificanti, fino a quella che è giunta a noi nel 1857, preziosa gemma letteraria, su cui hanno lavorato anche Marie-Louise von Franz e Bruno Bettelheim nell'interpretazione e lettura delle fiabe, e lo storico Propp nei suoi testi sulla morfologia della fiaba e sulle radici storiche dei racconti di fate. Le fiabe sconosciute dei Grimm nelle versioni del 1812 e in parte del 1815 non sono né rozze né grossolane, al contrario sono forti e in qualche modo imperdibili e sorprendenti, non purgate dalla successiva ideologia puritana, dal bagno purificatore in cui i due fratelli hanno immerso le storie, ma ancora frutto della tradizione orale che era stata collezionata dai numerosi raccoglitori e informatori a cui i Grimm facevano riferimento. Un bagno a cui forse sono giunti dopo molte riflessioni per le critiche e il rifiuto del materiale proposto, di cui all'inizio erano comunque forti difensori, e con motivazioni precise.

Infatti, prima della pubblicazione, in una lettera dell'ottobre 1810, Jacob scrive all'amico von Arnim, grazie al quale oggi possiamo leggere queste fiabe che altrimenti sarebbero state distrutte:

> Contrariamente a quanto tu credi, sono fermamente convinto che tutte le fiabe della nostra raccolta, senza eccezione alcuna, siano già state raccontate secoli fa in ogni loro dettaglio. Molte cose belle sono andate perdute solo gradualmente. In tal senso, tutte le fiabe sono state fissate tanto tempo fa, pur continuando a circolare in infinite variazioni. Il che vuol dire che non si fissano mai. Tali variazioni assomigliano ai molteplici dialetti che a loro volta non dovrebbero mai subire alcuna violazione.[5]

In seguito poi in un'altra lettera del gennaio 1813 (dopo la prima pubblicazione) ripete un concetto caro a lui come al fratello Wilhelm:

> La differenza tra le fiabe per bambini e quelle del focolare e il rimprovero che ci viene mosso di aver utilizzato questa combinazione nel nostro titolo è più una questione di lana caprina che di sostanza. Altrimenti bisognerebbe letteralmente allontanare i bambini dal focolare dove sono sempre stati e confinarli in una stanza. Le fiabe per bambini sono mai state davvero concepite e inventate per i bambini? Io non lo credo affatto e non sottoscrivo il principio generale che si debba creare qualcosa di specifico apposta per loro. Ciò che fa parte delle cognizioni e dei precetti tradizionali da tutti condivisi viene accettato da grandi e piccoli, e quello che i bambini non afferrano e scivola via dalla loro mente, lo capiranno in seguito quando saranno pronti ad apprenderlo. È così che avviene con ogni vero insegnamento che innesca e illumina tutto ciò che era presente e noto, a differenza degli insegnamenti che richiedono l'apporto della legna e al contempo della fiamma.[6]

Il recupero del significato simbolico di alcune fiabe, ricche di mostri, alberi e boschi fatati, malefici e incantesimi di ogni genere, va di pari passo negli anni delle diverse edizioni con una sorta di epurazione degli aspetti più crudi del male, modificati a vantaggio di situazioni magiche e fuori dalla realtà. Le fiabe mantengono un carattere iniziatico nella maggior parte dei casi, ma come scrive Jacob Grimm: "Le fiabe per bambini sono mai state davvero concepite e inventate per i bambini?".

Non si inventano le fiabe per loro ma forse per l'infanzia dell'umanità a cui tutti apparteniamo, questo ci dicono i Grimm. E dell'umano fa parte il male, che non è solo simbolico o allegorico. Rimangono come memoria di crudeltà intatta e senza mediazioni almeno due fiabe pubblicate nel 1812 ed espulse nella successiva edizione del 1815, ma ben difese dai Grimm. Eppure eliminate. Forse perché troppo crudeli per l'umanità dei lettori, per la ferita che questa lettura poteva provocare in ascoltatori adulti.

Dal momento che sono autentiche esperienze – letterarie oltre che di senso – riporto senza interpretazioni le due fiabe del focolare della prima edizione.

Come certi bambini si misero a giocare al macellaio

I

Accadde proprio lì, nella città di Franecker in Frisia occidentale, dove certi bambini si misero a giocare insieme. Bambini e bambine di cinque, sei anni stabilirono che uno doveva fare il macellaio, un altro il cuoco, e un terzo il maiale. Stabilirono che una bambina doveva fare la cuoca, un'altra ancora l'aiuto cuoca. E l'aiuto cuoca doveva raccogliere in una ciotola il sangue del maiale per farne salsicciotti. Come convenuto il macellaio assalì quello che faceva il maiale, lo buttò per terra e con un coltellino gli tagliò la gola, e l'aiuto cuoca raccolse il sangue nella ciotolina.

Un consigliere che passò di lì per caso vide questo disastro. Acciuffò subito il macellaio e lo portò a casa del sindaco, che all'istante radunò tutto il consiglio. Dovevano deliberare su questo fatto ma non sapevano come, poiché videro che era stato un gioco tra bambini. Uno di loro, un uomo vecchio e saggio, consigliò al giudice supremo di tenere in una mano una bella mela rossa, e nell'altra un soldo renano, di chiamare il bambino e di mostrargli le due mani insieme: se avesse preso la mela lo avrebbe riconosciuto innocente, ma se avesse preso il soldo lo avrebbe condannato a morte. Così fecero, ma il bambino con una risata prese la mela e rimase libero e impunito.

II

Una volta un padre di famiglia aveva ammazzato un maiale in presenza dei figli; quando nel pomeriggio i bambini si misero a giocare, uno disse all'altro: tu fa' il maialino e io il macellaio, quindi prese un coltello e lo cacciò in gola al fratellino. La madre, che era seduta di sopra nella stanza e faceva il bagnetto al più piccolo in un catino, alle grida degli altri scese subito di sotto e quando vide l'accaduto estrasse il coltello dalla gola del figlioletto, e per rabbia colpì dritto al cuore l'altro che aveva fatto il macellaio. Poi corse in fretta in casa per controllare il piccolino nel catino, ma nel frattempo quello era annegato; allora la donna per lo spavento e la disperazione, rifiutando ogni conforto della servitù, si impiccò. Il marito tornò dai campi e a quella vista di lì a poco morì di crepacuore.

La crudezza del gioco del macellaio racconta la ripetizione (innocente, sembrerebbe) di una crudeltà adulta che viene data per scontata. Si ammazza il maiale per farne i salsicciotti, e come è noto "del maiale non si butta via niente"; i bambini vedono quello che fanno i grandi e ripetono i gesti. Nella prima fiaba il piccolo (in un gruppo di cinque o sei anni, i maschi sono protagonisti, le femmine aiutanti) viene assolto proprio perché inconsapevole: se sceglie una mela al posto di una moneta è proprio un bambino; di per sé, per sua "natura" innocente.

Nella seconda sono i genitori a essere crudelmente assassini, e puniti, in quanto il padre mostra ai figli come si fa a uccidere, e la madre in persona, folle di dolore, uccide il figlio colpevole. Una sorte di tragedia direttamente importata dai miti, come molte fiabe che derivano dalla complessità del mito e scivolano nei secoli, con il loro carico di mistero sulla potenza del male.

Tra le molte fiabe epurate ce n'è una che ha forse origine da una leggenda. Anche in questa compare un aspetto orrorifico della madre, tema che percorre in lungo e in largo le fiabe, e che svilupperò in seguito a proposito della fiaba di Biancaneve.

Le bambine e la grande fame

C'era una volta una donna che aveva due figlie, ed era caduta in una miseria tale da non avere nemmeno un tozzo di pane da mettere sotto i denti. Quando i morsi della fame si fecero insopportabili, la madre, nella disperazione più nera, disse alla più grande: "Ora non posso fare a meno di ucciderti, così avremo qualcosa da mangiare". E la figlia: "Ahimè, madre mia! Risparmiatemi! Esco io a cercare qualcosa da mangiare senza chiedere elemosine!". Andò e tornò con un pezzo di pane, lo mangiarono tutte insieme, ma era troppo piccolo perché la fame si calmasse.

E la madre all'altra figlia: "Adesso tocca a te".

E lei: "Ahimè, madre mia! Risparmiatemi! Esco io a cercare qualcosa da mangiare, lo prenderò da qualche parte di nascosto!". Andò e tornò con due pezzi di pane; se li spartirono, ma era troppo poco per placare la fame.

E la madre, dopo qualche ora: "Devo comunque uccidervi, altrimenti moriremo di fame tutte quante".

E le due: "Cara mamma, ci mettiamo a letto a dormire e non ci alzeremo fino al giorno del giudizio!".

Si misero a letto e dormirono un sonno profondo da cui nessuno è mai riuscito a svegliarle. E la madre se n'è andata, nessuno sa dove.

È una storia tramandata come le tante che hanno a che fare con la fame e le carestie e gli assedi delle città; qui compare l'inevitabilità del sacrificio, del cannibalismo per fame, da cui salva solo un sonno, una sorta di coma vegetativo. Ma il cibarsi delle creature non potrebbe essere una memoria arcaica di riti sacrificali iniziatici, sostituiti in parte dall'uccisione di animali? In questa edizione delle fiabe dei Grimm, in particolare in un frammento dal titolo *La suocera*, si dice che una volta una perfida vecchia regina, profittando dell'assenza del re, fa rinchiudere la nuora e i due figlioletti in una cantina umida e un giorno dice: "M'è venuta l'acquolina in bocca per uno di quei bimbetti" e manda il cuoco in cantina per prelevare la preda; ma l'uomo con uno stratagemma, d'accordo con la giovane madre, cucina un maialino, e la cosa si ripete "in salsa scura" e "in salsa chiara". Come se si trattasse sempre di una violenza da parte materna, e il cuoco, o il cacciatore nella più nota versione di Biancaneve, fosse più mite perché animato da compassione.

E passo passo ci avviamo a un horror che ci racconta in modo più sottile il rapporto madre-figlia. Lo leggiamo in molte fiabe con un travestimento, uno spostamento: la madre diventa "matrigna" con uno sdoppiamento. La madre vera è morta e la seconda, che in genere l'ha spodestata nel cuore del re vedovo, è matrigna e quindi legittimata alle peggiori nefandezze. Sono davvero molte le fiabe che mettono in scena il teatro delle difese, con lo spostamento sulla falsa madre dell'orrore che può regnare nei rapporti con la madre vera, troppo santificata nella realtà e nell'inconscio per essere ritenuta terribile, assassina fisica o più spesso psichica dei figli, soprattutto delle figlie. C'è un progetto al fondo del cuore materno, terribile: è l'invidia, la pulsione all'annullamento, la tua morte per la mia vita, per sempre.

È talmente duro da afferrare che si inventano mille strategie per non riconoscere il potere dell'invidia nella relazione tra donne, soprattutto all'origine nel rapporto madre-figlia. E così accade anche nelle fiabe, e lo vediamo in modo esemplare nella prima versione di Biancaneve: la fiaba numero 53 del 1812 già viene modificata nella versione del 1819, e la maggiore delle modifiche è proprio la trasformazione della madre in matrigna. In seguito ci sono altri aggiustamenti, poco rilevanti, in sostanza fino alla versione definitiva del

1857, quella che tutti conosciamo: "Specchio delle mie brame, chi è la più bella del reame?".

Ne riporto dei brani, potenti nel tema di fondo, poetici nell'andamento del racconto, densi di immagini tipiche del mondo fiabesco, e precisi nella descrizione dell'invidia.

Biancaneve

C'era una volta in inverno, e quell'inverno i fiocchi di neve cadevano come piumette dal cielo, una bella regina seduta alla finestra. La finestra era incorniciata di ebano nero, e lì la regina cuciva. E cucendo e mirando la neve, si punse un dito con l'ago, e nella neve caddero tre gocce di sangue. Il rosso del sangue era così bello sul bianco della neve che la regina pensò: avessi una bambina bianca come la neve, rossa come il sangue e nera come l'ebano di questa finestra! Presto una bambina nacque davvero: bianca come la neve, rossa come il sangue e nera come l'ebano, e così la chiamarono Biancaneve.

La regina era la più bella di tutto il reame e molto fiera della sua beltà. Aveva uno specchio, e ogni mattina gli domandava:

"Specchio mio che stai sul muro
sono io la più bella, è sicuro?".

E ogni volta lo specchio rispondeva:

"Regina e signora, la più bella siete voi di sicuro!".

E così lei sapeva che al mondo non ce n'era una più bella. Ma Biancaneve cresceva, e raggiunti i sette anni era già così bella da superare la stessa regina, e quando un mattino ella chiese allo specchio:

"Specchio mio che stai sul muro
sono io la più bella, è sicuro?".

Lo specchio rispose:

"Regina e signora, siete la più bella in questa stanza, ma Biancaneve vi supera a oltranza!".

A quelle parole la regina si fece livida per l'invidia, e da allora prese a odiare Biancaneve, e ogni volta che la vedeva le veniva in mente di non essere la più bella del mondo, e che la colpa era sua, e le si torceva il cuore. L'invidia la tormentava, e alla fine chiamò un cacciatore e gli disse: "Conduci Biancaneve in un luogo sperduto del bosco, uccidila e portami come prova polmone e fegato, che me li voglio cucinare con sale e pepe".

Il cacciatore prese Biancaneve e la portò nel folto del bosco, e aveva già estratto il coltello da caccia, quando lei cominciò a piangere e a implorarlo di risparmiarle la vita, promettendogli che avrebbe continuato a correre nel bosco senza mai più tornare indietro. Il cacciatore si impietosì, che la fanciulla era così bella, e poi pensò: "Ci penseranno gli animali del bosco a divorarsela, io sono ben felice di non ammazzarla con le mie mani". Proprio in quel momento passava di lì un cucciolo, il cacciatore lo uccise, gli cavò polmone e fegato, e li portò come prova alla regina, che se li cucinò con sale e pepe, pensando di aver mangiato polmone e fegato di Biancaneve.

La fiaba prosegue con la corsa di Biancaneve, l'arrivo nella casetta dei sette nani (con una interferenza della fiaba di Riccioli d'oro e gli orsetti, tipo sette lettini, sette scodelline...) fino a quando la regina attraverso lo specchio magico scopre che "Biancaneve è ancora e sempre la più bella e vive sulle sette montagne".

A quelle parole la regina fu presa da una grandissima angoscia e capì l'inganno del cacciatore, che non aveva affatto ucciso Biancaneve. Ma poiché nessuno al di fuori dei sette nani abitava le sette montagne, fu subito certa che erano stati loro a soccorrerla; quindi tornò a escogitare un modo per ucciderla laggiù, ché fin quando lo specchio non l'avesse incoronata bella tra le belle non avrebbe trovato pace. Non si fidava di nessuno, quindi decise di andarci di persona travestita da vecchia ambulante, si colorò il viso per non farsi riconoscere da nessuno e camminò fino alla casa dei nani e chiamò.

Per ben tre volte la regina (non strega orribile come la ricordiamo nel film di Disney, così impressa nell'immaginario collettivo oggi, ma travestita da vecchia ambulante, ancora nell'umano quindi) tenta di uccidere Biancaneve. E alla fine...

La mela era stata preparata ad arte, e solo la parte rossa era avvelenata. Biancaneve vide che anche la contadina ne mangiava e intanto il suo desiderio cresceva, finché si fece porgere la mela dalla finestra e le diede un bel morso. Ma non fece in tempo a ingoiare il primo boccone che era già morta per terra.

Lo specchio conferma alla regina di essere la più bella e dunque:

"Finalmente trovo pace!" Disse quella: "Sono io la più bella e Biancaneve è per terra!".

I nani disperati trovano Biancaneve morta ma non hanno cuore di seppellirla e le costruiscono la famosa bara di cristallo, sistemandola in modo da poterla contemplare sempre. E lei è lì, sempre, immobile come addormentata. Finché un giorno un principe passa di lì, legge l'iscrizione sulla bara, scopre che la bella, intatta, non toccata dalla morte, è figlia di re, e chiede ai nani di poter avere la bara di cristallo, perché non può più vivere senza vedere Biancaneve. La ottiene non con il denaro che offre, ma perché i nani hanno pietà del suo dolore. E succede che:

> Il principe la fece trasportare nel suo castello e sistemare nei suoi appartamenti. Stava seduto lì, tutto il giorno a fissarla, senza riuscire a distogliere lo sguardo. E quando doveva uscire e non poteva guardarla era preso da umor nero, e senza la bara accanto non riusciva a mandar giù nemmeno un boccone. Ma la collera montava tra i servitori costretti a scarrozzare la bara di qua e di là finché un giorno uno di loro aprì il coperchio, tirò su Biancaneve e imprecò: "Per questa morta siamo costretti a faticare tutto il giorno!", e le assestò un gran colpo sulla schiena. E fu così che le tornò su il tocco di mela avvelenato, per tutto quel tempo rimasto incastrato in gola, e Biancaneve si risvegliò. Il servitore corse dal principe, che alla vista della sua bella viva e vegeta non stava più in sé dalla gioia. Tutti si misero a tavola a festeggiare in letizia. Il giorno dopo si celebrò il matrimonio e fu invitata anche la sciagurata madre.

La Regina davanti allo specchio scopre che c'è una rivale e che è la più bella.

A questa risposta fu presa da uno sgomento e da un'angoscia, ma un'angoscia così grande da non poterla nemmeno raccontare. L'invidia ebbe la meglio, e alla fine la regina si mise in viaggio per andare a vedere la giovane sposa, e quando arrivò riconobbe subito Biancaneve. Erano state preparate per la madre delle scarpe di ferro incandescenti. Fu costretta a indossarle e danzare e danzare fino ad avere i piedi orribilmente bruciati, e senza poter smettere fino a quando, ballando ballando, non fu lei a cadere morta per terra.

Una serie di soluzioni geniali, poco frutto di magia o incantamento, e molto più lapidarie. Dicono i servitori "per questa morta siamo costretti a faticare tutto il giorno!" e uno di loro le assesta una gran manata. Ed è questo che libera dal blocco, non il bacio del principe.

Ma per tutta la fiaba si rincorre il filo dell'invidia che rode, dell'angoscia della madre che non si dà pace di aver messo lei al mondo la rivale, come quando dice: "Lei esiste per colpa mia!". Le frasi della fiaba sull'invidia che ha la meglio, fino a prospettare la morte come unica via d'uscita e in via definitiva con gli organi vitali cucinati con sale e pepe ("te magno er core"), aprono lo scenario senza spostamenti da madre a matrigna, ed è proprio la figura della madre a essere colta carica di angosciosa inquietudine per l'invidia che non le dà tregua. Fino a quando c'è una danza quasi satanica nelle scarpe di ferro incandescente che la atterra. Il male ha fine. L'invidia è morta.

Abbiamo sempre visto la parte matrigna del materno raccontata nelle fiabe interpretate. E qui scopriamo che i Grimm avevano ben chiaro che era la madre, non la matrigna, la "Signora del gioco" (come si chiamava una volta la strega).

I raccoglitori della tradizione orale, una specie clandestina di "tombaroli della psiche", avevano loro consegnato il tesoro. Ma è stato occultato. E invece scopriamo che sono proprio le fiabe che parlano di materno a metterci di fronte a un mondo interiore popolato di negatività, di quel tipo di Ombra che alla luce solare della razionalità, ma anche della morale sopportabile, non vorremmo ammettere. Lo specchio magico è il luogo dove finisce la proiezione dei fantasmi. Se quasi tutte le fiabe iniziatiche sul femminile si misurano con il doppio della madre, la matrigna, qui ne abbiamo una, prima della epurazione, che ci dice che quel doppio è incarnato dalla madre, nella madre stessa. È nel materno che sta l'Ombra, che vive la condizione estrema della fantasia di morte; è nel materno senza trucchi e spostamenti che si raccontano (come in questa inedita Biancaneve) le parti oscure, celate nell'ombra, insieme all'aspetto inquietante, oracolare. E ritroviamo le streghe di Macbeth:

> Bello è il brutto e brutto il bello
> in volo, nella nebbia e l'aria sporca.[7]

Quando il doppio del materno si posa con lo sguardo obliquo su una figlia, invidiata solo perché è più bella e giovane, più ricca di speranza, dà vita a tanti piccoli omicidi quotidiani, in apparenza cose "da niente" che legano al carro del buio, dei domestici orrori, all'horror del focolare.

L'invidia è un modo, terribile, di predare l'innocenza. L'invidia deve graffiare, espellere, agire la prevaricazione, stringere all'angolo, umiliare. L'invidia non sopporta l'esistenza dell'altra, e se quest'altra è la figlia sono bocconi di vita strappati da invincibile ostilità. La madre di Biancaneve ce lo racconta: è la vita dell'altra a essere nemica, è il suo potenziale di esistenza. L'invidia non tollera il futuro e allora lo ammazza: è quanto vediamo correre in analisi; sono gli sguardi invidiosi della madre che tentano di bloccare, e spesso ci riescono, la crescita della figlia.[8]

E allora via con una serie di giudizi glaciali, mele avvelenate che spesso vengono da lontano, da altre vite sbagliate precedenti, e il danno si riproduce, viene giù a cascata, fino a perderne l'origine. Nell'identità femminile l'invidia è una cosa sola con il narcisismo: da una parte si pretende che la figlia si realizzi, ma sempre un po' meno della madre, e comunque, se lo fa, se si esprime, è una proprietà di lei, una parte di lei, confermata sempre nella profonda insicurezza dallo specchio come fonte di Narciso: "Specchio mio che stai sul muro, sono io la più bella, è sicuro?".

La letteratura delle fiabe del focolare è ricchissima, e oggi, ritrovando l'origine di alcune fiabe, ancor più si aprono scenari sorprendenti per l'interpretazione delle dinamiche psicologiche personali, relazionali, dei mondi fuori e dentro di noi.

Seguendo l'indicazione degli stessi Grimm, le fiabe del focolare, i racconti che si tramandano nella tradizione orale da ascoltare accanto al focolare, non sono per bambini, ma per tutti, hanno un carattere universale. E nella fiaba, come nel sogno, tutto dice "Io". Nella fiaba tutti parlano: re, regine, principesse, servi, nani, maschi e femmine, parlano gli animali, le montagne, i fiumi, gli alberi e le stelle, parla la Natura come soggetto, viva, una natura che "sente", ed è questo che cattura la fantasia e l'inconscio. In parte qualcosa si lascia afferrare, in parte no, rimane sottoterra o nell'aria sottile, come gli animali magici del bosco o gli elfi fatati.

È l'inconscio a lasciarsi permeare, e non importa capire con la ragione e la mente pronte a sigillare nella memoria ricordi, sogni, emozioni; i contenuti scivolano via fino a quando si sarà pronti ad accoglierne il senso, tutti, i bambini come gli adulti. Un approccio di cui tenere conto nel nostro fare analitico.

E così, proprio per questa via dell'inconscio, è ancora vivo il ricordo di una fiaba, che ho appreso dal mio analista, Dieter Baumann. Lo sento ancora raccontare: è una fiaba sull'onnipotenza del guaritore e su come guardarsi dai rischi infiniti del voler andare oltre, su cosa accade quando non si vuole rispettare il limite. L'ho letta poi nell'edizione Einaudi delle fiabe dei Grimm, quella che riprende l'ultima loro edizione rivista nel 1857, ma l'ho ritrovata anche, all'origine, nel testo del 1812, di oltre duecento anni fa, con poche note variate, e anche questo ha un senso. E dal momento che letteratura e psicoanalisi vanno per i loro giri, mi sento di lasciarla andare per il mondo proprio qui. A me ha dato molto allora, e continua oggi a farmi riflettere, e qualcosa di più, a come si dice "fare anima".

Comare Morte

C'era una volta un vecchio che aveva già dodici figli. Quando gli nacque il tredicesimo non sapeva proprio più cosa fare e per la disperazione se ne andò a camminare per il bosco. Vagando vagando incontrò il buon Dio che gli disse: "Pover'uomo, mi fai pena, terrò io a battesimo tuo figlio e farò in modo che sia felice su questa terra". Ma l'uomo rispose: "Non voglio averti per compare, tu dai sempre ai ricchi e fai morire di fame i poveri", e lo piantò lì andando per la sua strada. Poco dopo incontrò la Morte che gli rivolse parole simili: "Voglio diventare tua comare e tenere a battesimo tuo figlio; a chi è mio amico non può mancare nulla; io poi di tuo figlio farò un medico di gran fama". L'uomo disse: "Tu sì che mi vai a genio, non fai differenza tra ricchi e poveri quando si tratta di prenderteli; domani è domenica, il bambino verrà battezzato, e tu vieni puntuale". Il mattino dopo la Morte arrivò e tenne a battesimo il bambino. Il ragazzo crebbe e la Morte tornò, e portò il suo figlioccio nel bosco. Gli disse: "Adesso dovrai diventare medico, e basterà fare attenzione. Quando verrai chiamato al capezzale di un malato e mi vedrai accanto alla sua testa non ci sarà nulla da dire. Fagli annusare questa fiala e ungigli i piedi con l'unguento che contiene. Presto guarirà. Ma se mi vedrai accanto ai suoi piedi non ci sarà nulla da fare, vuol dire che me lo voglio prendere io, e non azzardarti a curarlo".

Così la Morte gli diede la fiala, e lui divenne un medico di gran fama. Gli bastava uno sguardo al paziente per capire se sarebbe guarito o invece morto di lì a poco.

Una volta lo fece chiamare il re in persona, che non si alzava più dal letto, stroncato da una grave malattia. Il dottore entrò e vide subito la Morte ai suoi piedi, e quindi la boccetta non poteva essere di alcun aiuto. Però gli venne in mente di gabbarla, e così prese il re e lo rigirò nel letto al contrario, in modo che la Morte si trovasse accanto alla sua testa. Il trucco riuscì e il re guarì. Tornato a casa il dottore trovò ad aspettarlo la Morte, che con smorfie orrende lo minacciò: "Se osi ingannarmi un'altra volta ti torco il collo!". Ma poco dopo si ammalò la bella figlia del re, e nessuno al mondo trovava rimedio; il re piangeva giorno e notte, e alla fine emise un proclama: chi fosse riuscito a curarla sarebbe stato ricompensato sposandola. Arrivò il dottore, e vide la Morte ai piedi della principessa, ma rapito com'era da quella gran bellezza dimenticò ogni raccomandazione. La rigirò, le fece annusare la boccetta miracolosa e le unse le piante dei piedi. Appena tornato a casa il medico vide la Morte con le sue smorfie, ancora più orrende. La Morte lo afferrò e lo portò in una grotta sotterranea in cui brillavano mille lucine.

"Vedi" – disse la Morte – "questi sono tutti vivi e la lucina che ancora arde e presto sarà spenta è la tua vita; adesso prova un po' a salvarti da solo!".

Nel racconto dei Grimm la Morte è la madrina migliore che ci possa essere: non a Dio o al Diavolo ci si affida, ma a Comare Morte, l'unica che amministra la giustizia senza inganni. Ricordo una frase che mi è sempre rimasta dentro; è il racconto di quando Ulisse va nell'Ade e incontra Achille, e gli magnifica il luogo dove si trova, e come è bello, piacevole, e Achille gli risponde: "Non truccarmi la morte, Ulisse".

Nella fiaba il protagonista, il medico che ha poteri miracolosi in quanto guidato dalla Morte, madrina che sa e amministra il tempo della nostra esistenza, tenta come Ulisse di "truccare la morte", di sottrarsi alla sua verità, vuoi soggiogato dal potere del re, vuoi dalla bellezza della figlia.

C'è una profonda verità che ci riguarda come medici della psiche: stare vicini a qualcuno che soffre vuol dire sopportare il lutto della depressione, dell'angoscia, accettare la presenza di Ade, non barare spostando i limiti, vuol dire anche stare nel tempo desolato delle vite che finiscono, e non giocare al trucco dell'onnipotenza.

Questo mi ha insegnato la fiaba, a non cambiare le carte in tavola, ad accettare in qualche modo il mistero del nostro soffrire e finire, di quello che forse in modo improprio, ma non so dire meglio, è il nostro destino.

L'immaginario cinematografico[9]

Fellini e l'inconscio creatore

La mèstra ad Sant'Armàid
dal vólti e' dopmezdè,
la s céud tla cambra e la zènd una Giubek.
La n fómma.
Stuglèda sòura e' lèt
la guèrda ch'la s cunsómma.
U i pis l'udòur.
Dal vólti u i vén da pianz.[10]

Fellini è famiglia. Baldini, il poeta, anche. Da Sant'Arcangelo di Romagna – patria della lingua della poesia di Baldini – a Rimini ci sono pochi chilometri. Molti di più da e per Roma. Fellini andava e veniva per i mondi, traghettava persone, immagini interne, dialetto, insofferenza, nostalgia.

"Nulla si sa. Tutto si immagina."[11] Mi viene da immaginare con Fellini la vicenda analitica del regista con Ernst Bernhard, il suo analista, figura centrale per la sua vita creativa, come apertura alla libertà, al talento dell'immaginazione.

La scelta di un'analisi junghiana è per Fellini una necessità e un caso. Arriva in analisi dopo aver vinto la palma d'oro a Cannes per *La dolce vita*. È il 1960. Fellini sta male e approda in uno stato di angoscia e depressione in apparenza in contrasto con il successo ottenuto. Bernhard lo accoglie nel suo studio a Trinità dei monti e gli dà come indicazione di scrivere e disegnare i suoi sogni. Cosa che Fellini fedelmente farà per trent'anni, ben oltre il tempo del suo rapporto analitico con Bernhard. Per tutta la vita.

Probabilmente Fellini sarebbe stato il grande regista che conosciamo anche senza l'analisi, ma l'apertura all'inconscio, nata dal rapporto con Bernhard, è stata vissuta come la più grande storia dell'immaginario, un elemento di ulteriore legittimazione per la libertà del farsi (e dell'inconscio e del film in lui).

In un'intervista dice:

> Ho sempre pensato di avere un grosso limite: quello di non avere idee generali su niente. Mi è del tutto estranea la capacità di organizzare le mie preferenze, i miei gusti, i miei desideri, in termini di genere, di categoria. Mi sembra, leggendo Jung, di sentirmi affrancato e liberato dal senso di colpa che il limite a cui accennavo sopra mi ha sempre provocato. [...] Tra le tante avventure della vita, quella che più di ogni altra vale la pena di affrontare, è quella in cui ti tuffa il viaggio nelle tue dimensioni interiori, l'esplorazione della parte sconosciuta di te stesso. E nonostante tutti i rischi che comporta, quale altra avventura può essere così affascinante, meravigliosa ed eroica?[12]

Sono parole di chi l'analisi l'ha fatta, c'è entrato, a modo suo e a modo di Bernhard, un "maestro scomodo", e così ha avuto la possibilità di esplorare, di conoscere, ma di rimanere poi sulla soglia di un mistero, che, per fortuna sua e nostra, ha rispettato.

Tutti sanno che Fellini era un bugiardo leggendario, procedeva per un dedalo di menzogne, disseminando piste false, come racconta di sé nel film *Otto e mezzo* girato alla fine del suo percorso analitico con Bernhard e considerato un capolavoro.

Come dice il poeta portoghese Pessoa, che Fellini amava molto:

> Il poeta è un fingitore.
> Finge così completamente
> che arriva a fingere che è dolore
> il dolore che davvero sente.[13]

Fellini si è trovato a vivere un'esperienza profonda dell'inconscio, congeniale non solo da un punto di vista teorico con il "discorso" junghiano, ma incarnata nell'esperienza dell'immaginazione, e in più con qualcosa che lo rende particolarmente affine a Jung, cioè un'ironia a tratti dolente, e soprattutto un modo di svoltare quando si è a rischio di onnipotenza.

Succede così: al punto in cui il racconto si fa sotto, in modo radicale, al dunque, a un certo punto qualcosa gli fa dire "ma va là, pataca", ma lascia stare che è tutto un gioco. E così fa scivolare via fra le righe quel qualcosa che – non detto – entra nella psiche, come se solo quel qualcosa di sporco potesse rendere la vita possibile, oltre la perfezione, perché di creatività si tratta, non di mestiere.

Il maschile aspira alla perfezione, il femminile alla completezza, dice Jung,[14] e la completezza è un continuo divenire, mentre al di là della perfezione non c'è niente. Gli archetipi del femminile, le immagini interne del femminile di Fellini – in viaggio continuo – sporche e solari, luminose e straccione, provocano il creativo in lui, dissonanza e completezza, tra gli opposti.

Quando ci riflette, il regista parla di Neumann e del suo "tipo creativo" e dice: "Chi è, cosa è un creativo? Il creativo è colui che si colloca fra i canoni consolatori, confortanti della cultura cosciente e l'inconscio, il magma originario, il buio, la notte, il fondo del mare. Sono questa vocazione, questa medianità, a fare il creativo. Egli abita, si pone, vive in questa fascia per operare una trasformazione simbolo di vita e la posta in gioco è la sua stessa vita o la sua salute mentale".[15]

Fellini non dice "esperienza", parla di salute mentale, della vita e dunque della creatività, della possibilità di esprimersi, del fatto che vivere creativamente significa salvarsi la pelle.

Poi aggiunge:

> Mi fa piacere, mi lusinga pensare che il mestiere di regista possa svolgersi a ridosso di frontiere tanto oscure e turbolente, essere subordinato ad alternative così radicali e pericolose. Vorrei mi fosse consentito di aggiungere al pensiero di Neumann una mia modestissima opinione: io cre-

> do che il tipo creativo in genere non possa avere coscienza dell'operazione di sutura che compie tra l'inconscio e il conscio, al massimo può essere consapevole del modo in cui tenta la conciliazione.[16]

Ed è questo il punto centrale: il fatto che nell'esperienza dell'analisi c'è soltanto in parte la possibilità di unire conscio e inconscio, poiché le vicende della trasformazione avvengono tramite noi, passandoci attraverso, ma in modo abbastanza inconsapevole. Noi possiamo dire che è successo qualcosa, ma spesso non ce ne accorgiamo, ne abbiamo traccia in un sogno, lo sappiamo meno confusamente spesso molto tempo dopo, a volte mai: avviene e basta, la vita. Il fantasticare ci conduce, come nella poesia di Baldini, poesia che potrebbe essere un'immagine di Fellini.

Ma quello che succede in una personalità creativa è radicale: la fatica è il fascino della mediazione tra conscio e inconscio, si traduce in opera d'arte ed è intuita da Fellini come "malattia necessaria", lo stesso termine che useranno altri artisti, quello che Jung parlando di sé in *Ricordi, sogni riflessioni* chiama "malattia creativa".[17]

Questa "malattia necessaria" è raccontata da Fellini con parole molto semplici: "Faccio un film come in fuga, come fosse una malattia da scontare, insofferente e pieno di rancore guardo al film come a un malanno da cui liberarmi… come il sogno. Il sogno è anche espressione della nostra malattia anche se, come la malattia, è ricerca di salute. Un film è per me veramente qualcosa di assai vicino a un sogno amico ma non voluto, ambiguo ma ansioso di rivelarsi, vergognoso quando viene spiegato, affascinante finché rimane misterioso".[18]

Mi sembra il punto più significativo del legame tra creatività e inconscio, il rapporto tra film, suono e immagine. Torno a riconoscere la modalità analitica – o almeno il modo in cui io mi ritrovo, quello che mi accade – quel "meraviglioso come noi" come luogo originario: la rêverie, il modo profondo di ascoltare con tutti i sensi. La rêverie consente di entrare nello spazio transizionale che è tra noi e il paziente. E quanto più si lascia libero il sogno di essere quello che è, tanto più ci tocca: i sogni, le immagini sono sia la malattia sia la cura a cui ci affidiamo.

Fellini fa l'esperienza dell'altro mondo, porta il sogno dentro la vita e ne fa un'immagine universale che ci riguarda e ci fa, ci costruisce. Lui poi, che pare così manifesto, così dichiarato nei suoi film, esplicito nel pudore come nella sgangheratezza di alcuni personaggi, proprio per essere così calato nell'inconscio, fino in fondo non si svela: il suo fascino sta nel mistero che non si lascia afferrare, che di colpo ti volta le spalle e se ne va. Ma è così che ci accompagna nel territorio dell'ignoto rifiutando la risposta, come dovrebbe fare un buon analista, libero da preconcetti interpretativi, disponibile all'ascolto, alla visione, alla contaminazione tra i mondi. C'è un personaggio ne *La voce della luna* che a un certo punto entra nel proprio loculo al cimitero, non perché stia male, ma in qualche modo prende le misure, ci si deve abituare; un giornalista va sul luogo per un reportage e gli chiede: "Posso fare una domandina?". E il personaggio risponde: "Non ci sono domandine e neanche rispostine".

Questa battuta la ricordo come una folgorazione, eppure è una piccola cosa, ma per me è un pilastro di quelli da collocare come fondanti della professione analitica, cioè né domandine né rispostine quando si è su certi confini, quando ci si avvicina ai confini dell'indicibile. E la cosa viene lasciata cadere lì da un personaggio minore, un non protagonista, non è "la cosa", ma solo così, di nascosto quasi, si può nominare – senza dirlo – il segreto.

Fellini porta a galla emozioni e visioni, pesca nell'inconscio come se non ci fosse un altro modo di stare al mondo, e poi ci lavora con totale abnegazione, con una meticolosità straziante fino a quando non rintraccia quel volto, quell'immagine che va cercando, che ha già schizzato in un disegno. Se c'è nell'immaginario, è la vita reale che deve adeguarsi. In questo "fare cinema" c'è tutta la fatica del reale, del fare, attivo, anche estremamente concreto, opposto alla fantasia che lo vorrebbe pigro e sognatore. Lo è, ma nel senso più profondo di chi segue il sogno. "Fare cinema" credo sia questo, come lo è "fare analisi": trasversalità e appartenenza sono i punti estremi entro cui si colloca il fare.

Jung nei *Visions Seminars* dice che l'importante non è l'interpretazione dei sogni, ma ciò che il sogno ci dice: il soggetto è il sogno stesso.[19]

Il sogno-soggetto in sé racconta forse l'emozione di un incontro con il mistero di una presenza ineffabile da cui siamo chiamati in causa perché venga riconosciuta e perché si decida se concedere o no cittadinanza a qualcosa che chiede di esserci.

Che sia l'inconscio, che sia l'arte? O che sia il modo in cui la creatività, nobile straccиona – perché contiene tutte le contraddizioni antiche – si presenta nel nostro lustro ordinato mondo? Nel libro dei sogni di Fellini c'è un'immagine che gli corrisponde in modo totale, l'inconscio creatore.[20]

In *Sogno ed esistenza* Foucault scrive: "Nel sogno tutto dice 'io', anche gli oggetti e le bestie, anche lo spazio vuoto, anche le cose lontane e strane, che ne popolano la fantasmagoria. Il sogno è l'esistenza che si scava in spazio deserto, che si frantuma in caos, che esplode in baccano, impigliandosi, bestia che respira ormai solo a stento, nelle reti della morte. Il sogno è il mondo all'alba della sua prima esplosione quando esso è ancora l'esistenza stessa e non l'universo dell'oggettività".[21]

Il sogno-creazione chiama in causa l'inconscio di Fellini e possiamo vederlo quasi con i suoi occhi. E forse non è improprio ricordare il rapporto di Fellini con Bernhard (la sua guida nel mondo dell'inconscio), il senso dell'esperienza e della ricerca di Bernhard verso il mondo e le discipline orientali. Forse sono le sue sembianze ad apparire come immagine di un legame profondo tra i due: questo non possiamo saperlo. Ma attraverso il racconto, la visione entra nel mondo ed è tramite di qualcosa che somiglia a un "grande sogno", che in questo senso riguarda tutti.

La cosa più importante e forte è il fatto che l'incontro e il sogno stanno sospesi come il desiderio. E, come nei suoi film, alla fine non c'è mai esattamente una fine, tutto sta un po' sospeso, avvolto da girotondi stralunati, da sguardi che accompagnano, lontani, misteriosi. C'è sempre alla fine la possibilità di un altrove che è il luogo della creatività e del mistero.

Tra storie, film, sogni e racconti, quelli veri, quelli inventati che sembrano veri (leggendarie insieme alle bugie di Fellini le invenzioni-sortilegio di vita, il "come se"), ci porta con sé e le sue storie diventano nostre, forse proprio per questa sua sapienza folle, stralunata, nobile e straccìona, di incollare il vero e il falso. Questo miracolo della psiche porta qua e là: dall'inconscio di uno, come un sasso nell'acqua si allarga in centri concentrici, porta a spasso l'immaginazione e le sue storie diventano anche le mie, evocano – come se fossero miei – altri momenti.

Figura 8 Illustrazione di Federico Fellini.

Come succede in analisi quando il racconto si fa visione, e la storia momento di memoria, c'è un attimo colto in un pomeriggio d'estate sonnacchioso, che Fellini racconta con questa sua meravigliosa capacità, con il dono, il talento di narratore: non è un film, però è un soggetto, come tutti i racconti, e diventa nella fantasia l'immagine possibile di un film mai fatto ma che a me sembra di aver visto e di vedere.

E questa scena immaginaria si imprime tra i possibili ricordi di vita, memoria bellissima, che forse è vera, forse è inventata, e che comunque per me, che non l'ho vissuta, diventa una memoria viva, e non è una bugia, è piuttosto un sortilegio, un'appartenenza, il riconoscimento di una comune appartenenza a una terra, a delle voci, a dei suoni. Si tratta di un appunto di conversazione, minimo, marginale, che in me però muove una commozione profonda su cui mi interrogo. Questo il racconto: "In questa terra ci sono cadenze, dolcezze infinite che forse vengono dal mare. Ricordo la voce di una bimba un pomeriggio d'estate in un vicolo pieno d'ombra: 'Che ora è?' 'Saran belle le quattro', rispondeva qualcuno e la bambina cantilenando come a dire che era sicuramente più tardi: 'Ah senza belle…'".[22]

Si è fatto tardi, ma siamo ancora lì, e chi è quella bambina? La vedo un po' sfuocata, ma ha le trecce buffamente tenute assieme in cima alla testa e gli occhi grandi. E questa immagine mi si confonde con quella di un'altra bambina, di un'altra storia, questa volta raccontata da un grande poeta, Attilio Bertolucci, che nella sua penultima raccolta, in un capitolo chiamato *Teneri rifiuti*, racconta un altro momento, un altro attimo. La bambina che dice "senza belle…" e la poesia di Bertolucci diventano in me misteriosamente la stessa canzone, lo stesso ritmo che rende preziosi i teneri rifiuti, quelli che gli artisti mettono nel mondo per farci vivere e che gli analisti raccolgono e restituiscono, come le "preziose", quei vetri che il mare leviga e i bambini raccolgono tra i sassi.

In questo canale fra viti
spruzzate di verderame

nel caloroso pomeriggio estivo
facevi un bagno giulivo.
Eri piccola e nuda,
beata dell'acqua che voleva
portarti via, dove vanno le libellule.[23]

La stanza del figlio (Nanni Moretti)

Insieme a te non ci sto più,
guardo le nuvole lassù.
Cercavo in te
la tenerezza che non ho,
la comprensione che non so
trovare in questo mondo stupido.

Quella persona non sei più,
quella persona non sei tu.
Finisce qua.
Chi se ne va che male fa?

Io trascino negli occhi
dei torrenti d'acqua chiara
dove io berrò.
Io cerco boschi per me
e vallate col sole
più caldo di te.

Insieme a te non ci sto più,
guardo le nuvole lassù
e quando andrò
devi sorridermi se puoi,
non sarà facile ma sai
si muore un po' per poter vivere.

Arrivederci amore ciao,
le nubi sono già più in là.
Finisce qua.
Chi se ne va che male fa?[24]

La stanza del figlio mette in scena la "stanza dell'analisi" come luogo di transito della sofferenza psichica, anticamera di quell'altra stanza in cui il dolore non trova più alcuna rappresentazione possibile, in cui staziona il lutto per la morte del figlio. Tutto si svolge nella stessa casa, una lunga serie di stanze una nell'altra, e di porte che si aprono e si chiudono, collega lo studio dell'analista alla zona in cui vive con la famiglia. Il film racconta di una vita serena, scandita da ritmi protetti, piccoli guai, affettività attenta, una quotidianità che corre via. Le storie dei pazienti vanno e vengono, non passano da una stanza all'altra, non attraversano turbandolo l'inconscio dell'analista, fino a quando non irrompe – inavvertita, senza farsi prevedere – la sciagura: il figlio muore in un incidente subacqueo, per una stupida fatalità.

La sventura è fuori controllo.

I vecchi schemi di riferimento, la teoria e la pratica di chi fa il mestiere dell'analista, mantenendo quella distanza di sicurezza che serve per non precipitare nell'angoscia, tutta la forza a cui ci si allena, tutto viene spazzato via dal gelo cattivo della sventura.

Le stanze si rimescolano, non stanno più al loro posto: l'inconscio dei pazienti urta negli angoli, attacca le difese dell'analista messo alle corde dalla sua propria angoscia, percuote le pareti, filtra sotto la porta, non sta più al gioco sapiente delle interpretazioni, e del palleggio transfert-controtransfert.

I confini non tengono più.

Il Moretti analista nel film corre, corre, si sfinisce a correre quasi a espellere la nevrosi degli altri che gli si appiccica addosso.

Ma questo succede "prima". Dopo la morte del figlio la corsa è un'altra: solitaria, disperata.

Il padre corre da solo. Il figlio adolescente così amato da tutti, quello per cui essere modello, con cui mantenere in vita la giovinezza anche per sé, percorre nel padre la fantasia di ricominciare daccapo, di far tornare indietro il tempo.

La corsa del padre è un'altra, anche fisicamente: sembra che voglia acchiappare quella morte che gli ha afferrato il figlio, sembra che voglia cercare la sfida con lei. Gli si scatena la rabbia per le cose, per gli oggetti che sembrano ribellarsi all'ordine meticoloso "tutto sbeccato, tutto rotto", non c'è la cura della tavola attorno a cui riunirsi, lievemente, lietamente.

Il cibo si deteriora, come le persone, si appiccica – morto – alle pentole. È impossibile tornare indietro, cancellare l'evento, cambiare l'ordine delle cose, affidarsi al pensiero magico: "Se non fossi uscito per andare dal paziente che stava male, se avessi accompagnato il ragazzo al mare, se…".

> Meglio che ogni fibra si spezzi
> e il furore dilaghi
> e il sangue vivo inzuppi
> letto, tappeto, pavimento
> e l'almanacco istoriato di serpenti
> che ti conferma
> a un milione di verdi contee da qui,
>
> che non sedere muta, con questi spasmi
> sotto stelle pungenti,
> con l'occhio fisso, con maledizioni
> ad annerire il momento in cui
> furono detti gli addii e lasciati andare i treni
> e io, grande idiota magnanima, fui così strappata
> al mio unico regno.[25]

Il pianto viene da lontano, c'è lo straniamento chiuso, trattenuto negli occhi dell'analista, l'urlo straziato e la voce smarrita della moglie, il muoversi incerto dell'altra figlia, la famiglia intera persa via nell'orfanezza. Anche la casa rimane sospesa. Solo il lutto è vero, e la vita che continua pare invece recitata, e diventa insopportabile ascoltare in studio le storie degli altri, perché non c'è più alcuno spazio libero dal dolore. In cucina il tavolo da pranzo non accoglie più nessuno; tutto è deserto.

Il film è così – semplicemente – vero: ci sono dolori che non sono rappresentabili, a cui non si riesce a pensare, che non si possono dire. Escono dalla possibilità di essere narrati o rappresentati, nemmeno in analisi, nemmeno come analisti. Sono “incurabili”, perché il male non è decodificabile negli spazi della patologia, perché il dolore innocente è incurabile: non ce la si fa, né con le parole, né con le immagini. La ragione si schianta e l’inconscio si trascina per conto suo.

Costretti a rivivere mille volte dentro di sé la stessa scena, non si allevia il male, gli si conferisce uno statuto, un ruolo ossessivo o isterico, lo si imprigiona in uno schema o lo si urla, ma non serve tentare nemmeno di “impazzire”: il dolore è più forte di qualsiasi tentativo di incatenare il corpo o il pensiero.

Quando un lutto personale ci soverchia, ci strazia, non ci è possibile ascoltare i pazienti né con distacco né con una forma di partecipazione perché è la nostra vita ad avere perduto il senso. Quando l’evento-morte di una persona cara è compiuto (e quanto più si presenta all’improvviso tanto più è ingiusto, ma è mai giusta la morte?), quelli che ci corrono dentro sono flashback, privi di relazione e di intreccio, ripetizioni ossessive di momenti che tornano, si affacciano a chiedere conto, e siamo sfiniti dalla fantasia di cambiare la storia. Senza quel dolore forse non saremmo o non diventeremmo veri, ma quando il dolore ci schianta non ci siamo più.

Il colore affluisce nel punto, viola opaco.
Il resto del corpo è slavato,
colore di perla.

In un pozzo di roccia
il mare succhia ossessivo,
una cavità perno di tutto il mare.

Grande come una mosca,
il segno fatale
striscia giù per il muro.

Il cuore si chiude,
il mare rifluisce,
gli specchi sono velati.[26]

Se e quando si tornerà nella stanza dell’analisi sarà in un modo profondamente mutato, perché il lavoro del lutto porta a galla la domanda a cui non c'è risposta, il "perché?" di Giobbe, il "non senso" di Qohélet. E questo ci espone alla sofferenza calata solo in un profondo silenzio.

Nel film quella bara inchiodata, la fisicità della morte, che si stampa come se fosse l'unico rumore possibile, non racconta l'aldilà, non ha consolazione, né speranza, né progetto, né canzoni. Non "si muore un po' per poter vivere" come nel ritornello cantato tutti assieme. Si muore e basta. È finita. "Il mare succhia ossessivo."

Come si possono trovare parole? Siamo oltre il limite consentito, in quella terra che è solo disperazione e pianto, "cenere di cenere, polvere di polvere" non solo perché si diventa noi tutti appartenenti alla morte che ci rende inanimati, ma perché si disanima la vita di chi resta, tutti "si muore un po' per poter morire", forse, per lasciare andare chi di noi muore per primo.

Fino a quando spiragli di esistenza ancora possibile riportano a riva, costringono a sentire le voci, le presenze attorno, la vita che riprende a volte in modo assurdo, forse perché solo così è possibile, solo se si è presi alle spalle dall'invenzione della vita, dalla possibilità di ricominciare. Nel film è Arianna, amica sconosciuta del figlio, che si presenta. L'inaspettato avviene. Per un attimo il figlio c'è. Qualcosa si libera, torna a muoversi, e una forma di gratitudine vitale porterà l'analista con la famiglia a fare un imprevisto viaggio in macchina con Arianna e un altro ragazzo, di notte, dal mare di Ancora al mare di Menton.

Quel qualcosa che riapre alla vita ha comunque rimescolato le stanze, riannodato la memoria con un futuro possibile, aperto, imprevedibile, che ancora – forse – può farsi storia e immagine e cura, davanti a quel mare che è insieme morte e vita.

La "stanza del figlio" non è più la camera ardente di un dolore che non lascia spazio alcuno, riapre al transitare di persone ed emozioni, di sentimenti che si lasciano andare. E forse, questo Moretti non ce lo dice, anche la stanza dell'analisi permetterà il transitare di nuovi incontri, della vita che va e che viene, di nuovo, con altri.

Succede così quando si ricomincia, dopo un grande dolore, dopo una perdita che ci ha straziato, ma succede anche quando tocca di accompagnare in analisi qualcuno che sa di morire. E se le parole che passano nella stanza sono vere, l'esperienza è di radicale appartenenza, segna la stanza, la impregna di una presenza psichica che non è cancellabile. Me lo ha fatto vivere con forza P., con la sua presenza che coincideva con il bisogno di dare inizio alla parola "fine", a quella morte che non poteva nemmeno essere nominata, ma che incombeva, pervasiva e totale, tra noi. Eppure questa fine iniziatica in cui P. mi ha portato, in cui il destino di entrambi ha voluto che fossimo, ha più che mai aperto un processo senza fine di ricordo e affidamento, di speranza e di compagnia, di accoglimento della impensabilità della parola "morte".

Scrive Dina Vallino, in un saggio con cui mi sono trovata in profonda sintonia, che "proprio le angosce che i pazienti trasmettono all'analista sono la stessa matrice dei pensieri che l'analista realizza quando si permette di accogliere in sé emozioni impensabili. Ciò significa che, per fare il suo lavoro, l'analista non ha alcuno specifico strumento tecnico o scientifico che lo protegga dal soffrire sulla propria pelle la qualità della comprensione".[27]

Credo che l'impossibilità di sottrarsi alla radicalità di questa esperienza porti a vivere una impensabilità che tocca il limite, la domanda di senso sulla nostra esistenza, non solo sulla nostra professione. E allo stesso tempo la qualità di vita che si manifesta è accolta nella stanza d'analisi con gratitudine, con l'emozione della vita che ricomincia come se fosse l'unica vita e l'unico ricominciamento della terra. Siamo dentro una radicale condivisione di ciò che accade nella mente e nella psiche dell'altro in un contesto in cui siamo chiamati a sostenere "l'impensabile" e "l'incontenibile". Ma queste esperienze estreme mettono profondamente in discussione le categorie con cui siamo tentati di dividere il mondo, il prima e il poi, l'inizio e la fine. È come se la profondità indicibile dell'esperienza condivisa aprisse a un inconcluso della psiche: è un percorso di identificazione empatica in cui l'apprendimento della "fine" passa attraverso l'intuizione dell'apertura all'infinito, come in questi versi, che aprono all'affidamento, che si nutrono di immagini contrastanti, fino a imparare "questo passo d'addio":

Devota come ramo
curvato da molte nevi
allegra come falò
per colline d'oblio,

su acutissime làmine
in bianca maglia d'ortiche
ti insegnerò, mia anima,
questo passo d'addio...[28]

Un'ora sola ti vorrei (Alina Marazzi)

Ma tu continuavi a essere bambina,
sciocca come l'antichità, crudele come il futuro,
e fra te e la tua bellezza posseduta dal Potere
si mise tutta la stupidità e la crudeltà del presente.
Te la portavi sempre dietro come un sorriso tra le lacrime,
impudica per passività, indecente per obbedienza.
Sparì come una bianca colomba d'oro.

La tua bellezza sopravvissuta dal mondo antico,
richiesta dal mondo futuro, posseduta
dal mondo presente, divenne un male mortale.[29]

Inizia lieve il percorso della memoria di Alina alla scoperta di una madre quasi sconosciuta. Del suo volto. Della sua voce. Dei suoi pensieri. Un viaggio tra diari, lettere, fotografie, filmini. Ci sono i filmini d'epoca, quelli girati dal nonno Ulrico Hoepli, la storia dei nonni e poi della mamma, e poi della mamma in coppia con il papà e poi i bambini, il fratellino prima e lei poi. E belle case, la borghesia milanese, le montagne svizzere, giardini pieni di sole, di fiori e di felicità, palpabile. Vacanze, matrimoni, i filmini girati per le occasioni, per lasciare traccia, ricordi fisici di una giovinezza viva. Visi belli, delicati, illuminati, sorrisi, dolcezze di bambini che giocano.

Che cosa si inceppa a un certo punto? Qualcosa porta la giovane Liseli, bellissima, solare, a incupirsi, a scartare di lato, ad affondare sempre più giù, e non servono a niente psicoterapie, farmaci, cliniche svizzere di grande nome. A niente. La depressione come male di esistere, come nonsenso, come scacco, la porta sempre più lontano. E qui il percorso di Alina si fa corpo, parola della madre. La sua voce legge le lettere che la madre Liseli mandava al marito, ai genitori, ai bambini durante i sempre più lunghi soggiorni in clinica; scorrono sotto gli occhi le immagini di cartoline, trucchi per l'assenza. Legge i diari impietosi, li avvicina a fotografie che da ridenti si fanno tristezza diffusa, ansia in movimento fermo. Gli occhi di Alina grande vedono ora quello che Alina piccola non poteva vedere: la madre che si perde, che scivola via, che non ce la fa. Ed è con un amore sconfinato nel tempo che l'accompagna, che si/ci accompagna, che la incontra e la fa incontrare: un percorso di conoscenza, di pietas e di allegria, la domanda è sospesa – la risposta è impossibile – con una voce che attraversa il tempo ed entra nelle nostre voci, in quelle che risuonano nella stanza dell'analisi, in parole che prendono corpo. E il corpo-psiche di Liseli non resiste, a un certo punto cade nel vuoto, dall'alto di un palazzo, rimbalza sulle pagine di cronaca, angelo a capofitto.

Alina tutto documenta, tutto vuol sapere, tutto racconta con pudore, rispetto; libera Liseli dalla prigionia del silenzio in cui era confinata; amiamo in lei questa madre perduta, vediamo in lei anche le altre che non ce la fanno, e le nostre parti interne sofferenti trovano modo di sciogliersi in pianto.

E tu per lei, Persefone, dovrai
essere tutto quello ch'io non posso:

prendi il suo capo sulle tue ginocchia.
Lei che era così libera e selvaggia,
così fiera, arrogante, irriverente,
lei che di me nessun bisogno aveva,
è una piccola bimba tutta sola
smarritasi nell'Ade – Tu, Persefone,
prendi il suo capo sulle tue ginocchia:
"Mia cara, cara" dille poi così
"non c'è da aver tanta paura qui".[30]

Alina è la piccola Antigone che accompagna nel lutto e le immagini di Liseli ragazza ridente – giovane Core ma anche coraggioso guerriero Polinice che sfida il potere e ne muore – non se ne vanno dai nostri occhi. Liseli è lì, fissata nel per sempre di quel foulard annodato come lo portavamo negli anni Sessanta, e lo struggimento, l'inquietudine che filtra dai diari è la nostra di allora. A qualcuno di noi è andata diversamente ma ci sembra sia per puro caso, e non ci si sente certo "altro" da lei. Una vecchia canzone, "un'ora sola ti vorrei per dirti quello che non sai ed in quest'ora ti direi quello che sei per me", è il filo che ci conduce, la voce della memoria, il desiderio di far tornare indietro i filmini, di fermare il tempo un po' prima, di raccontarsi l'una con l'altra quello che non si sa, come in sogno:

Mi conducevi, ho sognato,
per un viottolo bianco
nel verde della campagna,
verso l'azzurro dei monti,
verso le montagne azzurre,
una mattina serena.

Ho sentito nella mia
la tua mano di compagna
e all'orecchio la tua voce
di bambina risonare
come una campana nuova,
come una campana vergine
di un'alba di primavera.

La tua voce e la tua mano,
in sogno, com'eran vere!
Vivi, speranza, chi sa
cos'è che inghiotte la terra.[31]

È la narrazione emozionata della storia, della madre e della figlia, del loro perdersi e ritrovarsi, Demetra con Core, e la figlia Alina si fa madre della madre Liseli, e così la ritrova come madre. Il percorso analitico segue le stesse tappe che Alina ci mostra in immagini, voci e visioni, e le parole sono inadeguate spesso, almeno fino a quando non diventano poetiche. A volte, quando ci si trova dentro un lutto fisico e più spesso psichico, chiedo di vedere insieme ai pazienti le fotografie, quello che è rimasto impresso dell'infanzia, e sempre si trovano tracce, piste, scorci che aprono ricordi, fantasie, nuovi modi di raccontare, e così riaprire proprio a quella strana speranza viva che ci fa solo bisbigliare "chissà cos'è che inghiotte la terra".

Ci vuole molto coraggio e umiltà nella ricerca; il dolore scava solchi impraticabili, fa crescere rovi tutt'attorno, come nella fiaba della bella addormentata nel bosco in cui la maledizione della fata madrina invidiosa fa cadere tutto nel sonno letargico, la principessa come il castello e tutti quelli che ci stanno dentro. Quando si accompagna qualcuno oltre i rovi – e lo si fa correndo dei rischi – non sappiamo mai bene la strada: il lutto non consola, urla di rabbia, di pena, di paura. E pare di vederla la storia, così come Alina ci mostra la sua: case, strade, famiglie, alberi che da piccoli diventano grandi, bambini con gli occhi smisurati, e poi seguendo una voce, un incantesimo, una maledizione, qualcuno chiude una porta e se ne va, di scatto. Come Davide che si barrica in macchina e attacca il tubo del gas e la giovane donna ignara e felice, a cui si accompagna fino a un attimo prima, è annientata, persa nel furore stupito del lutto. Come Mario che saluta la famiglia riunita a tavola, "torno subito" e si impicca a un albero, e la famiglia sarà allo sbando, costretta a vivere sempre nell'imperativo di quell'ultimo saluto, nell'attesa di quel ritorno promesso. Tutto si fissa nelle fotografie, guarda come sorrideva sereno e guarda com'era bello, e la morte pare non esistere ma aleggia fin dai primi fotogrammi dei filmini amatoriali, la si vede nell'indistinto che balugina sullo sfondo, se ne intuisce la presenza negli occhi. Ma sempre dopo, e solo dopo molto tempo si può dire che c'era, che stringeva la sua tagliola, che tutti gli animali del bosco fuggivano nel terrore. Quando capita in analisi di rivedere con chi resta, con chi sopravvive, la storia di Davide o di Mario, prende il tremore di non offendere i morti giudicando la loro scelta terribile, ma ci tocca vivere, aiutare gli altri ad allontanarsi, a riprendere fiato cioè soffio di esistenza. Per noi e per loro, per i vivi e per i morti. Come fa Alina con Liseli e con se stessa, mentre la musica va. E gira in mente il ritornello "un'ora sola ti vorrei" per poter parlare, vedere, abbracciare, tenere in vita, un'ora sola, ancora, un'ultima volta.

> L'ultima volta che la vide non sapeva che era l'ultima volta che la vedeva.
> Perché?
> Perché queste cose non si sanno mai.
> Allora non fu gentile quell'ultima volta?
> Sì, ma non a sufficienza per l'eternità.[32]

Berlinguer ti voglio bene (Giuseppe Bertolucci)

Ancora una volta la madre: una storia edipica esemplare, un amore-odio intriso di bestemmie amorose, di parole agite in una logorrea simbiotica. Il protagonista – un Roberto Benigni sublime per innocente perversione – è figlio unico di madre vedova, in lotta con il mondo, quello esterno e quello interno. Il film inizia proprio al cinema con lui che gronda oscenità e non sopporta le scene d'amore, si agita, impedisce la visione, trascina fuori gli amici "io vocio quanto mi pare... sono nel diritto di cittadinanza di non potermi piacere qualsiasi film". Fuori c'è La Casa del Popolo di una campagna toscana che non è il Chiantishire, ma un paese vero, con tutti gli stereotipi contro gli omosessuali ("l'è buco"), la misoginia, la grossolanità, i primi accenni di volonteroso avvio di femminismo quando s'apre il dibattito: "Pole la donna permettersi di pareggiare con l'omo?". Fine della tombola, si dà inizio al dibattito: "Termina il ricreativo, principia il culturale", come impone il segretario della sezione. Fioccano le domande: "La donna la donna la donna, e l'omo?". E tutto quel parlare di sesso, quel modo di lasciar andare il discorso sempre lì, dire dire per non fare, nella paura da bambini del temporale e il protagonista Benigni – nel film Cioni Mario – che si infila terrorizzato nel letto della madre: "Meglio il puzzo d'una mamma che il profumo di nessuno". E che alla richiesta di una ragazza: "Sei sposato?" risponde "Sto con la mi' mamma, ma non siamo sposati". Ecco, la fantasia infantile è servita: un manuale di psicoanalisi fatto e finito con tocchi semplici, definitivi.

Se eri un pioppo
ti sposavo, ti salivo
fin lassù, foglie
su foglie avremmo messo:
basta non parliamone più.[33]

Sta con la mamma, ma non è sposato. E invece lo è: figlio-marito ma non amante, maschera comica e tragica, a mezzo tra commedia dell'arte e stralunato teatro dell'assurdo, Cioni Mario è fusionale con la mamma vedova ("l'è una donna senza l'omo") e con la vita a cui strappa e contende spazio. Le sue sono fantasie di trasgressione che finiscono sempre per attivarsi nell'eterna masturbazione, in coro e in collusione con un gruppetto di sgangherati amici.

E sono proprio loro a fargli scherzi feroci: durante un giro in balera dove il protagonista finalmente troverebbe una bella bionda da rimorchiare, dall'altoparlante una voce annuncia che a lui, proprio a lui, proprio in questo momento, è morta la madre. Reazione infantile: camminata senza meta, bestemmiando la vita con tutte le possibili invenzioni di oscenità e turpiloquio, ma come i bambini che le sparano sempre più grosse, e giù allora sesso anale-orale-genitale, tutto il repertorio toscano dei senzadio, più tutto quello che Cioni Mario ("figliolo vivo d'una mamma morta") inventa per il lutto, una serie pressoché infinita di variazioni sul tema degli organi genitali. Straziante.

Perché vien giù a cascata, agghiacciante, una lamentazione tragica da guitto abbandonato, nel gracidare delle rane che gli fanno da coro. "Dove sarà andata? Inferno – Purgatorio – Paradiso: 1/2/X".

Quanti passi posso ancora fare sentiamo duemila? mille?
cinquecento? ancora meno? eh no! quante
stellate? albe quante? quanti mattini con aprire
gli occhi? quanti cieli in tutto? totale ore?[34]

Quella che si racconta è un'infanzia eterna di fanciullo con una Grande Madre strega e fata, nei panni di una Alida Valli in stato di grazia. È lei che, lungi dall'esser morta, al momento in cui il figlio, dopo la notte del suo peregrinare in preda alla crisi luttuoso-sessuale, si presenta a casa al mattino, lo accoglie con una scarica di improperi, botte, bestemmie e invenzioni alla grande sulla disgrazia di essergli madre "tu non sei un omo, tu sei un lombrico (e lui conferma 'eh, lo so'), tu sei brutto e scemo, tu fai ribrezzo al popolo del mondo, metti in subbuglio il mio sistema di donna sensibile, sei il mio patimento, il soffrimento della mi' giornata, il sogno brutto della mi' nottata... le ho tentate tutte per abortirti non c'è stato verso".

Gli cerca invano una moglie di comodo, una sventurata con una gamba di legno, dicendogli: "E che, volevi una donna con tutte le gambe?"; lo trascina dal prete – che a sua volta lo copre di insulti – e rincara la dose dicendo dolcezze del tipo: "M'insudicia il groppone della mia sensibilità cattolica", e denuncia infine che lo vede parlare nel campo con la sagoma di Berlinguer. Lo abbatte con attacchi isterici; lo annulla e lo strema di doppi messaggi cacciandolo via da sé e poi però lo imbocca e gli racconta una fiaba feroce di sesso e violenza arcaica, come gliela narrava il babbo prima di schiantare.

Fata Turchina con Pinocchio, scena dal vero.

Cioni Mario: Edipo, Amleto, se solo li conoscesse, i sentimenti sono gli stessi. Infine la Grande Madre gli dà il colpo di grazia, e si fidanza in casa con il compagno a cui il figlio – incastrato in un nuovo scherzo dagli amici – ha dovuto cederla per una notte: l'ha perduta giocando a carte. Insomma, lo tradisce, gli diventa allegra, gli mette in casa come rivale proprio Bozzone, l'amico che ha vinto al gioco contro di lui, l'autore della beffa, se lo porta in quel letto che per lui è proibito e poi va con lui alla messa insieme "perché Dio c'è" come gli annuncia l'amico che fino a un attimo prima era ateo sputato convinto. Tutto il mondo gli crolla attorno.

Solo, emarginato, infelice, stralunato, innamorato della mamma ormai di un altro, una figura tragica alla Testori, in un'irresistibile cascata di umorismo grottesco e greve, questo è Cioni Mario.

Bertolucci gli dà una statura intensa, costruisce il personaggio sulla figura e sulla personalità artistica di Benigni, alle prese tra l'altro con uno spaventapasseri nel campo, costruito da lui con una foto di Berlinguer, amato come un sostituto di padre che tiene a bada le masse (il film è del 1977). Spazio alla fantasia, alla comicità sguaiata come se solo lì fosse possibile il sentimento, l'appartenenza tra madre e figlio, e così anche il distacco finale con una soluzione totalmente edipica.

A Berlinguer si può volere bene, ma lui comunque non ti salva né come massa né come individuo perché "ci ha da fare, ci ha famiglia", perché non si decide mai a dare quel "via!" liberatorio. E allora Cioni Mario si perde, si consuma davanti all'icona del padre immobile, e della madre fin troppo mobile, preda degli impulsi sessuali che a lui invece tocca reprimere in sé, in una coazione a ripetere che gli rinnova infanzia e adolescenza. I padri non stanno fissi nell'icona, piuttosto non finiscono mai, morto uno ne compare un altro a insidiare la madre, e il figlio è sempre spiazzato, inabilitato ad agire, catturato dal fantasma multiforme dell'incesto.

Bertolucci inventa genialmente un raccordo tra psicoanalisi e politica, nel raccontare l'impossibilità della felicità quando si è prigionieri dell'ombra della madre nel corpo, e di quella del padre nella mente. E così si può dire di una storia tra madre e figlio tutto il possibile, raccontarla nei tabù, rappresentarla a mezzo tra la cucina contadina, con i pulcini che razzolano sul tavolo, e il buffet-controbuffet del salotto buono dove sulla tovaglia della domenica compare il dono malefico del rivale padre nuovo, Bozzone, che si insedia a capotavola: "Ho portato, modestamente a parte, queste due tre paste".

E farlo con un film "da ridere", coltissimo di riferimenti sottesi, dove però la cifra è un'allegria sgangherata di singhiozzi e bestemmie, talmente estrema da proteggere dall'identificazione incestuosa, e allo stesso tempo da permetterla per la bizzarria sguinzagliata in libertà.

Come in un film da ridere
mi stai facendo la fotografia
e mi dici di fare un passo indietro
ancora uno ancora uno uno
mentre mi spingi verso il precipizio
ti sorrido fiduciosamente
(forse hai agito innocentemente).[35]

Che croce questa famiglia (Marco Bellocchio)

"Che croce vivere in questa casa!" La frase dello sconsolato Leone si aggira, percuote, rimbalza nel silenzio. Nessuno l'ascolta. Poco dopo Leone (l'"handicappato" della famiglia) finirà dolcemente sospinto ad annegare come un gattino nella vasca da bagno. Prima di lui la madre è franata giù dall'orrido di Barberino, cieca di occhi e di anima. Auto-

Figura 9 La famiglia Bellocchio nel 1939.

re degli omicidi è Ale, fratello e figlio, la cui figura inquieta e dolente finirà per diventare un archetipo. È il 1965. Bellocchio firma *I pugni in tasca*, manifesto della sofferenza di una generazione, esplorazione dei circuiti della follia normale e della normalità folle della famiglia. Per l'autore giovanissimo si apre la strada di una ricerca che percorrerà il suo modo di fare cinema e di attraversare la vita, con l'occhio sulla stella polare da cui nasce e con cui non potrà che confrontarsi, pena la perdita della creatività.

La preziosità del segreto che il regista tiene dentro, quasi inavvertibile, filtra dalle immagini, è materia psichica che diventa immagine e solo dopo, e solo parzialmente, parola pronunciata. Se la famiglia è la trama di fondo su cui si costruiscono le storie, il mistero è quello di un sorriso che c'è e non c'è, di un femminile che si potrebbe muovere lieve, di un materno dolorosamente/quietamente/nascostamente presente-assente, la luce da cui tutto potrebbe essere illuminato oppure cacciato nel buio. Brandelli di conversazione nel corso del tempo si rincorrono a segnare una ricerca di rapporto, un'emozione, una tenuta affettiva che dia un senso al materno: ne *I pugni in tasca* il protagonista Ale si avvicina alla madre cieca e con pudore, quasi sottovoce, mormora “Come sono infelice”. La risposta di lei è: “Vuoi una caramella?”. Lo annienta. Non perché sia cattiva. Piuttosto perché non c'è, pare sorda oltre che cieca, tesa a una falsa risposta, a colmare i bisogni diversi da quelli che compaiono. L'inadeguatezza è totale. Fraintendimento. Delusione. Assenza. Eppure anno dopo anno, film dopo film, Bellocchio non rinuncia a cercare di dare una risposta per quanto parziale al senso di quella privazione di vita che sta racchiusa nella violenza di quello scambio elementare di battute: infelicità contro caramella.

Ed è *L'ora di religione* ad approfondire la ricerca di un modo di essere non riconciliato: il protagonista si trova coinvolto da un lato in un intrigo grottesco che ha come scopo la beatificazione della madre morta per mano di un figlio perso nell'altrove della follia. Dall'altro lato c'è la vita normale: il pittore Picciafuoco è un artista. È separato, padre di un bambino di sette, otto anni che va alla scuola elementare e che frequenta, per non essere diverso dagli altri, l'ora di religione. Ma a che serve quest'ora ai bambini? Se veicola il pensiero della morte, dell'aldilà, la paura dell'onnipotenza divina, di un Dio sempre crudelmente in servizio attivo, che entra nella psiche infantile senza mediazioni, e dispensa "verità", fa violenza. Il padre media, tranquillizza, ama il figlio, è presente nella sua vita, non gli nasconde il pensiero diverso e gli parla, dolce, pacato, fermo, con parole semplici, di come sia importante la coerenza. Si mostra nella sua umanità, è attento, senza frasi fatte, tutto quello che accade per lui è una domanda. Al principio gli sfugge il senso del caso che la famiglia sta montando: la beatificazione della madre è funzionale all'acquisizione di un potere, e poco importa se per far questo non si tiene conto della verità e si fa del male, pretendendo una confessione dal fratello bestemmiatore e matricida. La vera bestemmia è abusare del dolore del folle, costringerlo alla falsità, manipolarlo perché confessi che la madre morendo, pugnalata da lui, lo ha perdonato. "Senza perdono non c'è santità." E senza una santa in famiglia non c'è potere. "Tutti hanno un padrino, un padre, non importa chi, qualcuno potente ci vuole, altrimenti non sei nessuno." E questa tesi, a cui si cerca invano di convertire il pittore, è l'idea di fondo che bisogna vendersi, costruirsi dei "santi in paradiso". La sua innocenza è scandalosa e vincente: contro il cinismo e l'opportunismo della costruzione manipolata del potere che poggia sull'istituzione, il protagonista va a mani nude, animato da una fantasia d'amore che ha il volto di una giovane donna e ha il passo della Gradiva, a cui l'artista darà forma nei quadri. Ma come mai proprio questa scelta?

Nell'avanzare di Bellocchio verso le immagini interne del femminile, si incontra qui qualcosa che è per la psicoanalisi un simbolo centrale: la Gradiva. Si tratta in realtà di un bassorilievo pompeiano conservato ai Musei Vaticani, che rappresenta una fanciulla che con passo leggero si muove quasi danzando, sostenendo la veste; è racchiusa in sé e assieme aperta al mondo verso cui va; è un'immagine di grazia inesorabile, davanti alla quale si può solo stare, nell'incanto di un attimo trattenuto per sempre, rapiti dalla visione di un movimento della psiche, di una presenza oltre il tempo del "femminile". Freud scrive nel 1906 il saggio sulla Gradiva, come commento a un'opera letteraria (*Gradiva: una fantasia pompeiana*, di Wilhelm Jensen), la cui lettura gli viene suggerita da Jung. Lo snodo dei rimandi aiuta a rintracciare il significato che poi la Gradiva avrà per la psicoanalisi, tanto da diventarne il simbolo. La novella a cui Freud fa riferimento racconta dell'attrazione per l'immagine che colpisce un giovane archeologo in visita a Roma e a Pompei. Norbert Hanold – è il suo nome – s'innamora a tal punto della fanciulla scolpita nel bassorilievo da battezzarla dentro di sé Gradiva, cioè "l'avanzante", e da esserne quasi ossessionato.

Perseguitato dalla sua bellezza, la immagina muoversi tra le rovine di Pompei, ne fantastica la presenza viva, e infine la vede davvero. Per lui si muove e lui, tra angoscia e felicità, attende solo lei. Il giovane è catturato tra sogno e realtà: la sua Gradiva è Psiche animata da lui, vista e sentita con una percezione che si direbbe delirante. Ma questo sarebbe il linguaggio freddo e burocratico della nosografia: invece la realtà che ci attraversa è fatta anche di sogno. Accade che l'inconscio e il piano di realtà in rari attimi coincidano: delira ad arte Shakespeare quando insegna che "noi siamo della stessa materia di cui sono fatti i sogni".[36]

Nel racconto l'archeologo scoprirà che la sua Gradiva, avanzante nelle sembianze antiche, è in realtà una sua giovane amica, una figura della sua infanzia rimossa, in visita come lui nei luoghi misteriosi (tra morte e vita) degli scavi di Pompei. Nella lettura che ne fa Freud la ragazza ha la funzione psichica della rivelazione discreta, e così rimette dentro la vita l'amico troppo affascinato dall'archeologia e poco disposto a vedere la bellezza vivente in una donna.

E che fa la Gradiva del film di Bellocchio? Ha la funzione di "Anima", di femminile profondo dell'artista, di chi lo può condurre alla luce, fuori dal buio delle costruzioni e degli schemi in cui è imprigionato. L'immagine pompeiana si snoda nel film, accompagna fino alla fine, fa quasi da contraltare all'immagine dolente della madre, la santa martire in attesa di beatificazione. Il sorriso ambiguo, indifferente, impedito nell'affettività della madre, ha il fascino bloccato nella pietra della Gradiva stessa. Un fascino che nella novella, nell'interpretazione di Freud, e nel film di Bellocchio, chiude al mondo, costringendo alla ripetizione ossessiva, al gelo dei sentimenti, alla bestemmia disperata, ma che si trasforma quando la bellezza entra nel mondo, in un mondo di carne,

Figura 10 *La Gradiva* (bassorilievo), Musei Vaticani.

di abbracci, di sguardi d'amore, di ritrovata speranza di vita. La Gradiva del film all'inizio è immagine che il protagonista sceglie per animare i suoi quadri, ma poi ha il volto, il movimento e la grazia di una giovane donna di cui il pittore si innamora. Sarà una donna vera, sarà una proiezione, sarà come la Gradiva pompeiana? Ciascuno è lasciato libero di immaginare – tra sogno e realtà – che cosa accade nel mondo interno, di cogliere l'attimo dell'incontro con la visione d'amore che la ragazza rappresenta. Bellocchio anima la Gradiva dapprima nei quadri: c'è la sua immagine in una gigantografia in un angolo dello studio; poi l'immagine entra in un video su cui il pittore lavora, comincia a far parte del processo di trasformazione. E infine si muove, sbaraglia nel video-quadro la bruttezza del Vittoriano: sotto il suo incedere gentile cadono a una a una le brutte colonne, gli orpelli di un mondo falsamente antico; il suo passo rade al suolo l'orrore, e nasce natura dove cammina, alberi e movimento, semplicemente impone la presenza della grazia e della bellezza, commovente.

Riesce l'artista lì dove è fallito il progetto distruttivo di un malato di mente: vediamo nel film una clinica in cui un architetto è ricoverato, impazzito sotto il peso del compito troppo grande, sovrumano, che si era dato, cioè distruggere la bruttezza orribile del Vittoriano. Non è un ordigno a farlo fuori; è la potenza del simbolo che si anima e porta nel mondo la grazia e la bellezza. La Gradiva – simbolo intenso del femminile e dell'arte – ci racconta in un lampo la vita, l'amore e la verità della bellezza; il suo passo gentile è ineluttabile contro gli orrori (di cui il Vittoriano è il simbolo) delle istituzioni cariche di falsità, di malagrazia, di bruttezza.

Marx può aspettare è l'ultimo film di famiglia che ricapitola la storia del suicidio rimosso del fratello gemello di Marco Bellocchio, cinquant'anni dopo la tragedia, attraverso i volti e le voci dei familiari che finalmente liberano i ricordi.

Emilio, da mezzogiorno alla notte,
praticamente per scherzo... Dal ridere alla tragedia

in un solo balletto… come si usa al paese
al paese e quindi lontano dal mondo.
Praticamente per scherzo – la bocca
sempre ridente sebbene gli occhi un po' bassi –
Hai deciso di entrare in un sacco
diverso. Ricominciare forse, ma altrove,
portando lontano dal mondo la roba pesante.[37]

Il lavoro del lutto è fisico e psichico.

Il lavoro del lutto è nel corpo che si fa immagine che corre via e si imprime nella pellicola e nell'anima. Quale parte del gemello si incista nella parte inconscia dei sopravvissuti, nell'Ombra di Marco? E la disperata vitalità di lui rincorre la fune tagliata di Camillo? E l'altro, "il pazzo", altro protagonista nella famiglia e nel film *L'ora di religione*, abita un'altra Ombra? Sappiamo che è altra parte del doppio interiore.

L'Ombra dell'altro è sempre con noi. Il lamento dei morti ci coinvolge nella vita al posto loro. È il lavoro del lutto che si carica sulle spalle perché tocca ai sopravvissuti. E questo essere sospeso tra vita e morte sta in tutti i film e in tutte le famiglie. Si è liberi quando si scopre il verso di Walt Withman, "Sono vasto. Contengo moltitudini".

L'assenza del materno vitale è ben prima del suicidio. È "il nero latte dell'alba" come scrive Célan. Si sopravvive al nero latte fino a quando non arriva il latte artificiale, il surrogato che permette di trovare un'altra strada. Fino a quando il tempo del lutto si placa nel volto di tutti i fratelli, simili e diversi, coralità finalmente intera. Quindi libera, come si può, per la parte umana che possiamo riconoscere.

Il sacro nell'umano dal pazzo al genio corre dentro il sangue della famiglia. Ed è la storia, dal particolare all'universale.

E risuona nell'aria il "perché?", senza risposta, di Giobbe.

La Dora, piccolina
che nel novecentonove scrive alla sua mamma:

Per segno del mio affetto
vi mando questa viola del pensiero...
La giovinetta coi colori ad olio
sul greto del torrente, o dentro l'orto
coi suoi gatti, la moretta, la cinella...
La Dora, madre esausta
alla finestra dello stanzino della farina
osservando dolorosamente il mondo
e il volo rotto di Icaro e la chiassosa
partenza degli Argonauti...
Stretta da quattro scialli di dolore
agitando all'aria gli amuleti
te ne andavi, la fronte come ghiaccio
e in bocca lava incandescente
interrogavi i sacri guardiani del Silenzio
in quale cerchio avessero posto tuo figlio...
La Dora ormai piegata sotto gli anni
che dà un nome agli arbusti
indica un punto dove è apparso un canto
su tra i rami e dice "il rosignolo"...
E giunge l'ultimo atto, quando
una voce: "Guarda, la Dora vola via".
Come infatti in pace sei spirata
scendendo per una delle bocche nere
dentro la profonda miniera degli umori
da cui te ne verrai fuori al tuo momento
nella forma dei gatti, uccellini e delle spighe.[38]

Capitolo 5

Clinica poetica

Il bacio ai morti

Voglio partire da un ricordo, molto antico e molto privato. Avevo cinque anni, era il 1952. Attilio e Ninetta, i miei genitori, vanno a Roma in avanscoperta per preparare il trasferimento della famiglia nella capitale e lasciano i due figli piccoli in consegna per molti mesi al nonno Bernardo e alla Linda, la tata veneta, una donna dal grande cuore. Nella casa di campagna di Baccanelli, a pochi chilometri da Parma. Ricordo quella stagione come la più felice e la più straziante della mia vita, affidato alle cure di quella bizzarra coppia (un uomo anziano, vedovo e un po' triste e una giovane donna, piena di amore e di energia), che riempì con un teatrino tutto particolare il grande vuoto della coppia genitoriale assente.

E di quel teatrino degli affetti mancati (mirabilmente surrogati dalle performances quotidiane del nonno e della tata) mi rimane impressa, indimenticabile, la scena madre: una piccola cerimonia, funebre e propiziatoria, che il nonno mi imponeva, ogni sera, prima del sonno. Il bacio ai morti. Su un comò, a un lato della stanza da letto, c'erano appoggiate una quindicina di foto, ritte nelle loro cornicette d'argento: i ritratti delle persone care scomparse, di recente o molti anni prima. I parenti, la famiglia. Quell'altarino antropologico mischiava sessi, età, caratteri, identità, allineando giovinette, preti, matrone, ufficiali di cavalleria, sguardi incantati, espressioni fiere, attitudini dimesse, protagonisti e comparse. Tutte quelle foto, una per una, il nonno me le avvicinava al volto e me le faceva baciare. Tutti, ogni sera, andavano salutati, quei fantasmi, che la riproducibilità fotografica aveva voluto strappare al buco nero dell'oblio. Il bacio ai morti: un rito misterioso, assolutamente arbitrario e assolutamente necessario. Mistero, arbitrarietà e necessità sono, io credo, tre tratti distintivi dell'espressione poetica. E il ricordo di quell'episodio dell'infanzia mi ha accompagnato, ricorrente, durante la lettura e la rilettura de *Il libro della famiglia* di Alberto Bellocchio, accanto a *La camera da letto* di mio padre Attilio Bertolucci.[1]

L'aritmia e la gentilezza[2]

Come raccontare la storia di un poeta se non attraverso le sue parole, il suo cauto e coraggioso, timido e intrepido, viaggio nella vita? L'incontro con la poetica di Attilio Bertolucci ha segnato per me la possibilità di riconoscere nella vita dell'altro l'inespresso che mi abitava, l'aritmia che scandiva le intermittenze del cuore, terrorizzato di esserci, di battere, di segnare il tempo, di dare parola al simbolo-sintomo. La sua aritmia mi faceva riconoscere il senso della mia,[3] l'ansia che nasceva da lontano, nella paura dell'abbandono, della perdita, l'emozione di essere una bambina piccola ma già con gli occhi grandi, troppo, che avevano guardato da vicino l'ombra e il male nel loro farsi.

Mi corrono dentro le immagini della sua scrittura e della sua vita, e il privilegio dell'incontro con lui e Ninetta, la compagna di tutta l'esistenza, le tazze di tè e le lettere, l'andare e venire delle parole e dei sentimenti, l'inquietudine, la verità e la bellezza, e il soffrire, la depressione che andava e veniva anche lei, forse coltivata dentro l'autoesilio da Parma a Roma, forse ancora dentro la morte giovane della madre, chissà. E l'ansia, l'abbandono, la perdita che lui narra mi sono parenti dalla parte del cuore, in una memoria viva.

L'intuizione poetica porta alla luce come un sogno un significato che ci precipita nell'umano, ciascuno a suo modo.

La poesia come forma altissima d'arte ha un significato se ce ne lasciamo pervadere così come è accaduto all'artista quando, dice Jung, "egli ha toccato quella profondità psichica salutare e liberatrice nella quale ancora nessuna coscienza singola si è isolata, per seguire la via degli errori e del dolore, dove tutti ancora sono presi dallo stesso ritmo, dove l'agire e il sentire del singolo si ripercuotono ancora sull'umanità intera".[4] La poesia di Bertolucci entra nelle fibre dell'intero di cui sono fatta. Il suo romanzo familiare in versi *La camera da letto*, mi fa incontrare i luoghi dell'ansia e del desiderio radicati nell'infanzia. La poesia come narrazione d'anima e non gioco estetico, è una fragile e feroce messa a nudo di emozioni e sentimenti che ripercorrono il *romanzo familiare* di tutti noi, il mistero al fondo, la conoscenza vitale della finitudine. Ed è nei luoghi del dolore, quelli per cui non ci sono parole, che la parola-risonanza poetica tocca e cura, cioè si prende cura di noi, delle nostre emozioni, dell'inesprimibile nei luoghi dell'estremo, che sentiamo vibrare. La parola poetica è gesto psichico, narrazione che riconduce e ricompatta lì dove ci sembra di non trovare luogo al dolore, fisico e psichico. E il *gesto psichico*, non so dirlo meglio, mi sembra il modo migliore per comunicare il senso dell'incontro con la clinica poetica, con il gesto-parola che tocca e cura. Come parlare dell'assenza di vita che precede l'abbandono nelle forme depressive che incontriamo? E come dire quello che viviamo noi, i *curanti-curati*, a mezzo tra desolazione e speranza, tra empatia e distanza?

Prima di entrare nel gesto psichico di Attilio Bertolucci mi fermo alla bianca stanza della bianca signora, e con lei accompagno le parole di una giovane donna che si racconta e chiama per nome il *Tremendo* di cui fa esperienza con i versi di Emily Dickinson:

> La vicinanza al Tremendo
> procura un'Agonia –
> il dolore si espande senza confini –
> La vicinanza alle Leggi

tranquillo sobborgo della quiete –
il Dolore non è misurabile
in Acri – la sua collocazione
è l'illocabilità.[5]

Così Paola, che nel suo percorso analitico intreccia la poesia come forma di conoscenza e in qualche modo di terapia, mi parla di questa poesia (la n. 963) di Dickinson:

> L'ho sentita come una sorta di metafora del dolore e della condizione della malattia psichica, qualunque essa sia, una sofferenza che ti è procurata dall'esserti avvicinata troppo, o essere addirittura entrata dentro, i territori del *Tremendo* (quale definizione migliore? Quale termine più efficace del neologismo *Tremendousness*?, che procura un dolore anzi un'Agonia (dolore, lotta per la vita) che invece non ha confini, è assenza di confini *Boundlessness*). A volte l'unica scelta possibile è "l'aderenza alle Norme, alle leggi" forse anche il conformarsi a quello che è/sembra/è considerato normale, per raggiungere il *sobborgo* (una periferia...) di tranquillità (oppure la non-vita che evita i rischi ma dà quel senso di sicurezza, norma, che fa tanto bene... ed è un rifugio che conosco bene...). Ma questo dolore non è misurabile in Acri, non è comprensibile dalle categorie prettamente umane, anzi: non ha posto. La sofferenza mentale può davvero portare a una totale *illocabilità* – la parola *illocality* del testo; sia io che lei sappiamo cos'è questa *illocabilità*.

Esco dalla bianca stanza della mente di Emily Dickinson per entrare nella camera da letto della casa di campagna, casa fisica e psichica, nella pianura dolce e inquieta di Parma con Attilio Bertolucci. Il suo romanzo autobiografico in versi *La camera da letto* è la narrazione della storia della famiglia, in due libri (uno sugli antenati e sull'infanzia di Attilio, uno sulla giovinezza e vita adulta in campagna e in città, a Parma, prima del trasferimento a Roma con la moglie Ninetta e i figli bambini, Bernardo e Giuseppe). Nel primo libro c'è un breve capitolo dal titolo "come nasce l'ansia", ed è così precisa l'immagine, nessuno può raccontare meglio di questi versi-memoria la paura e l'ansia dell'abbandono che tengono ancorati a un sentimento dell'infanzia che poi continua in una sensibilità d'adulto a lasciare la traccia, per sempre. L'ansia come sentimento della perdita, come luogo dell'origine. Il bambino aspetta a casa l'arrivo dei genitori, arrivano con la carrozza (oggi sarebbe un'auto, il paesaggio è diverso ma al fondo le stesse emozioni sono nel bambino e in quello che sarà l'adulto) e la sua mente è abitata dalla paura dell'ignoto, dalle ombre dell'assenza:

Il rumore che tu credevi un trotto
avvicinantesi è di nuovo pioggia,
la delusione ti stringe all'istante
che tutta l'ansia accumulata stava
mutando in gioia come fa la nube
che s'illumina passando sul sole
e non è più quella che prima dava
un brivido alle ossa, ma un'altra
per cui la faccia ridendo traspira.
Come supereranno ora la notte
e il vento e l'acqua senza fine [...].
Maria e Bernardo andati in città
per compere [...].
Ora, al bambino in piedi su una sedia
accostata alla finestra, in tinello,
entra negli occhi, di là dalle sbarre
di pioggia un po' curvate dal vento,
un lume in movimento [...].

La traballante, solitaria e fioca
cosa viaggiante prosegue il cammino
forse ancora lunghissimo, si stacca
dalla pupilla febbrile, dal cuore
violento nella fragile armatura
che lo trattiene mentre egli quasi più
non sopporta l'attesa e si vorrebbe
perdere dietro la luce vagabonda
che s'allontana, maledetta: sono
gli zingari che rubano i bambini,
li raccolgono se sono fuggiti

di casa? Ora lo stoppino fila
fiamma rossastra e fumo dentro il tubo
della lucerna, hai voltato le spalle
alla finestra per cercare requie
nella stanza prostrata dalla brace,
smangiata nei muri dall'ombra, fulgente
nel mezzo per la tovaglia che accresce,
non placa l'ansia cui cerchi rimedio
configgendo nella falange puerile
l'unghia debole bianca di bugie.

E infine arrivano i genitori, la madre l'abbraccia, lui si sottrae, schivo e così lo ricorda:

[...]
Maria non si è accorta della tua
piccola ripulsa, del tuo imbarazzo
nel ricambiare l'abbraccio, ti ha
lasciato ancora solo, è andata
a nascondere i doni, a occuparsi
della cena: chiudi gli occhi perduto
in una spossatezza senza fine,
convalescente che gode il suo stato
come un peccato o come un privilegio.[6]

Come sempre Attilio ricorderà, peccato e privilegio, Maria, la madre, morta giovane, ricorderà e riconoscerà in lei il luogo dell'origine della nevrosi e della gratitudine, in questa poesia tra le sue più belle e intense, tra le mie letture identificative la più amata:

Sei tu, invocata ogni sera, dipinta sulle nuvole
che arrossano la nostra pianura e chi si muove in essa,
bambini freschi come foglie e donne umide in viaggio
verso la città nella luce d'un acquazzone che smette,
sei tu, madre giovane eternamente in virtù della morte
che t'ha colta, rosa sul punto dolce di sfioritura,
tu, l'origine di ogni nevrosi e ansia che mi tortura,
e di questo ti ringrazio per l'età passata presente e futura.[7]

Come dire meglio, con quali parole-immagini-gesti raccontare l'amore, l'ansia, la nevrosi che tortura eppure la gratitudine a chi questa vita te l'ha data, perché quando ti ha lasciato pure è rimasta, dipinta sulle nuvole?

Ecco *dipinta sulle nuvole*. Il femminile materno compare nella traccia di un'immagine di vita che si fa gesto nella natura, arrossa la pianura – come arrossava il volto del bambino – nella luce di un acquazzone che smette – allora era la pioggia che faceva ansia – qualcosa da ringraziare, da vivere con gratitudine aperta all'immaginario, non chiusa nel ruolo che imprigiona.

Questo è il senso – per quel che mi riguarda – di un percorso analitico che comprende la rêverie, il ricordo come pozzo di emozioni, che si radica nel corpo, che mi afferra nella poesia come *gesto psichico*, dai confini sconfinati. Io credo che ciascuno di noi, nel momento in cui accetta di entrare in relazione per professione con il male, viene toccato in qualche forma misteriosa (cioè non fino in fondo spiegabile, non per una sorta di mistero metafisico) da una scintilla che punge nel profondo. E a cui non si può sfuggire. Perché da quella scintilla tutto parte. Le intermittenze del cuore *violento nella fragile armatura* vanno e vengono come pare a loro. E la cura del nostro e dell'altrui soffrire passa per la strada del dolore e della gratitudine. Senza rimuovere. Comunque vada e sia andata. Così nel libro *Viaggio d'inverno* il poeta si apre senza censura alla memoria di un mese in clinica:

Qui dove un poeta ha pianto e delirato un mese
della sua vita – un aprile
di nuvole,
di bel cielo sereno
insidiato da crepe –
sbattono le persiane abbandonate.

Dove avete portato
le vostre droghe e preghiere,
Figlie della Sapienza, figlie

della pazienza, tanto
buone cuciniere e allegre
dispensiere di minestre e di vino
per la gran fame nel tardo mattino?

Qui un altro giorno, già
demolite quelle stanze care,
già più avanzato l'anno e la fabbrica
nuova ormai alta, sonora
d'un cantiere che tace
solo se il mezzogiorno spacca in luce e ombra
pane e frittata, al muratore ho chiesto inutilmente:

"Dove sono emigrate
quelle vecchie e giovani suore
che con aghi, con fiale
sconfiggevano il male, precise
come lancette sul quadrante a usarle
senza errore, alternandole
con preghiere cristiane?"

Che io sappia dove sono, che io sappia
che non sono partite
dalla città che genera in eccesso
la voluttà e il dolore, che io
le sappia, in quest'ora
che precede la notte e l'inverno,
ancora sagge e pazienti nel fugare

per me, per tutti noi, sulla terra l'inferno.[8]

Molti anni dopo in una conoscenza personale, preziosa, che mi ha illuminato l'esistenza, il privilegio di incontrare Attilio e Ninetta, di raccontarci la vita. Visite, scambi di lettere, di scritti; avevo mandato al poeta alcune pagine su Giobbe e sul dolore in analisi che avrei pubblicato a breve con il titolo *La lunga attesa dell'angelo*, da una poesia di Sylvia Plath. La sua risposta parlava a se stesso, non gli avevo chiesto nulla della sua depressione. Oggi condivido questa lettera – in memoria di lui – come un dono prezioso in questo andar per storie in cui ci porta la clinica poetica.

Roma, 27 febbraio 1992

Cara Ravasi,

*ho letto le pagine di Giobbe, molto intense, non per interpretarle dal mio punto di vista ma per gustarne il dolceamaro in bocca. Edonismo il mio? Ma è forse per colpa, o merito, di esso che ho toccato il fondo dell'*angst *in anni (dopo il '51, dopo l'autoesilio a Roma) che dovrei me lo chiedono in tanti descrivere nel terzo libro della Camera da letto. Non so se sono meno forte nel braccio, nella mano che sostiene la penna di non scriverle. O il fatto che la malattia dichiarata è più materia di medici che di poeti. L'ansia di tutta la mia vita si compensava via via, per poi rinascere e ricompensarsi. Così è andata la mia vita, così la mia poesia, per fortuna mia. Il tempo, non lungo, del non compenso che non ho il coraggio, o lo strumento per raccontarlo, quando (non importa come) ha trovato un compenso, ha arricchito me e la mia poesia. È stata dunque una malattia necessaria. Ma, durando, non avevo la minima possibilità di, come dire, cantarla, salmodiarla. Fa ormai troppo caldo, a Roma, e scrivo da sciroccato, sognando la più timida primavera affacciantesi dalle mie, dalle sue porte.*

Un affettuoso abbraccio dal suo Attilio B.

Perché tutto sta dentro di noi, dentro la giovinezza del mondo in noi, sta l'insonnia invincibile figlia dell'ansia maligna, e sta la benedizione dell'amore che muove il giorno ritrovato, come raccontano i versi di queste due poesie, la prima in *Viaggio d'inverno*, l'altra invece molto più tarda.

L'insonnia allunga la giornata, dunque
sia benvenuta –
essa ti aiuta
a gabellare il sergente Morfeo
nella garitta
già d'ombra fitta,

ad aggirare il borgo murato
nel coprifuoco,
a farsi gioco
d'ogni ordinanza al fine di carpire
sui picchi assorti
raggi qui morti,
beata luce in porti ancora diurni.[9]

Dal buio dell'ansia dell'insonnia alla luce quieta che torna:

Altra volta nel buio della stanza
ti vidi tingere, luce paziente,
l'orlo del davanzale di rosso.
Era l'estate dell'anno…
Calda l'aria di un giorno
perduto che l'amore
di te muoveva la pianura
e l'ombra lunga degli alberi.[10]

Siamo chiamati a vivere, a essere esposti alla complessità, all'andare e venire dell'inquietudine, dell'infelicità, della notte implacabile, del cuore impazzito, a volte più in là a toccare i territori desolati del lutto della depressione.

Ciascuno a suo modo. Per questo l'anima del mondo, come quella di ciascuno di noi, ha bisogno dell'aiuto di poesia, musica, immagine, cioè di tutto quello che trasforma il gesto psichico in presenza che vola nel mondo, come nella poesia di Quevedo "polvo seré, mas polvo enamorado",[11] "polvere sarò, ma polvere innamorata". Un amore che muove l'aria d'estate, che afferra immagini innamorate e me le fa vivere.

E infine abbiamo bisogno di vivere con gentilezza, parola inusuale, perduta. Una parola che la poesia ci restituisce nella pienezza e potenza del significato dei gesti, dei piccoli gesti che poi danno senso alla nostra vita. Sono versi di una poetessa americana per parte di madre, palestinese per parte di padre – Naomi Shihab Nye –, versi trovati in un hospice buddhista, per accompagnare chi se ne va. Il gesto psichico estremo.

Prima di conoscere cosa sia veramente la gentilezza
devi perdere delle cose
percepire il futuro dissolversi in un istante
come il sale diluito nel brodo.
Ciò che tieni nella tua mano
ciò che hai contato e con cura conservato,
tutto questo deve andare
affinché tu sappia
come può essere desolato il paesaggio
che introduce tra le regioni della gentilezza.
Come ti affanni a correre
pensando che l'autobus non si fermerà mai,
e i passeggeri che mangiano pollo e mais
osserveranno il mondo attraverso il finestrino per sempre.

Prima di conoscere dove si nasconde il delicato cuore della
gentilezza,
devi recarti dove l'indiano dal poncho bianco
giace morto ai piedi della strada.
Devi scoprire che lui è come te,
anch'egli ha viaggiato con i suoi progetti
attraverso la notte
e il semplice respiro che lo manteneva vivo.

Prima che tu riconosca la gentilezza come la parte più
profonda di te
devi conoscere il dolore come l'altra parte più profonda.
Devi svegliarti con questo dolore.
Devi parlargli sino a che la tua voce
intessa tutti i fili delle voci dolorose
e tu ne conosca la misura dell'abito.

Allora incontrerai la gentilezza che restituisce a tutto il suo
senso,
la gentilezza che allaccia le tue scarpe
e ti spinge durante il giorno a scrivere lettere
e comprare il pane,
la gentilezza che solleva questa testa
dalla moltitudine del mondo per dirti:
"Sei tu che avevo sempre cercato",
e poi ti accompagna ovunque
come un'ombra o un amico.[12]

La fiaba come la poesia: Ninetta la bella[13]

Assenza,
Più acuta presenza.
Vago pensier di te
Vaghi ricordi
Turbano l'ora calma
E il dolce sole.
Dolente il petto
Ti porta,
Come una pietra
Leggera.

ATTILIO BERTOLUCCI, "Assenza"[14]

Ci sono storie, rapporti che si snodano per tutta un'esistenza, fiabe viventi in cui la reciprocità d'amore, d'attenzione, di una grazia forte, che include la capacità di contenere il dolore inevitabile, si manifesta in un uomo e una donna. E i due arrivano a diventare vecchi e ancora si amano, di questa specie profonda dell'amore che è il tenersi per mano fino alla fine. Più che Filemone e Bauci mi viene in mente una fiaba in cui due bambini si trasformano continuamente per fuggire lontano da una strega che li vuole morti: se lui diventa roseto lei diventa rosa, se lui diventa acqua lei diventa pesce, fino a quando non riescono a uccidere la strega e a vivere liberi, come si dice "felici e contenti". Quando accade di incontrare i protagonisti di questa specie di miracolo si è come illuminati, salvati dalla bellezza. E poi un giorno la strega-morte vince e separa i due bambini, se ne porta via uno, lontano, e l'altra non ha più il luogo e il senso della trasformazione, e implora che le sia concessa la sorte che ha unito Filemone e Bauci e aspetta che le spuntino foglie e rami e radici, come immagina stia accadendo a lui. Invano. Non è il momento. Le tocca il deserto, anche se attorno ci sono fiori e presenze care. La poesia è perduta. Ma ci si accorge tutti che non lo è affatto. Perché la poesia è lei: si manifesta in lei quello che loro due sapevano da sempre, nel modo strano, perturbante dell'inconscio; lei non è la musa, l'oggetto del poeta; lei è la vita stessa che poeta. E la traccia che lui ha lasciato scritta di lei rimane, come spartito di una musica, di un amore universale:

Coglierò per te
l'ultima rosa del giardino,
la rosa bianca che fiorisce
nelle prime nebbie.
Le avide api l'hanno visitata
sino a ieri.
Ma è ancora così dolce
che fa tremare.
È un ritratto di te a trent'anni,
un po' smemorata, come tu sarai allora.[15]

A vent'anni si può indicare la soglia dei trenta come un altrove, smemorato, dolce da far tremare, come l'ultima rosa bianca del giardino, sfocata nelle nebbie. Ma lei è anche la giovane ninfa, la Core fuggitiva, il femminile imprendibile, il mistero:

Con le guance di fuoco
e gli occhi ridenti
camminavi per una selva.
Il sole scherzava
con l'acqua
che fuggiva via.
C'erano il ginepro aromatico
e le grandi felci fiere
e i misteriosi licheni...
Sorse la luna chiara
fra i rami.[16]

La Core, quando è lontana, ammala di nostalgia. Come si può resistere all'assenza? Mancano gli occhi, mancano i capelli, la presenza vera, fisica, le foglie e le radici:

Un altro giorno, un'altra notte ancora
senza il caro conforto dei tuoi occhi

mentre l'ala del tempo più e più sfiora
i tuoi capelli lontani.

Estivo è ormai questo silenzio intorno
alla mia casa di campagna e il sonno
dei vivi e dei morti quando il giorno
se ne va.[17]

Ninetta è lontana. In che forma si trasformerà? È la forma di un amore che dura tutta la vita e porta a dividere gli anni, il tempo, i corpi che mutano, il dolore per i lutti e le malattie, gli amici che via via mancano, e tutte le cose belle anche, il piacere minuto di una tazza di tè ben fatto, forte, alla maniera australiana, con l'attenzione ai gesti quotidiani, come se nei gesti fosse annidata la poesia stessa. Fin dai primi incontri è nel movimento la forma di lei, nell'essere così caramente straniera, dolcemente, irriducibilmente, un femminile diverso dalle altre donne, dalle ragazze conosciute. Lei è il femminile che in lui irrompe e non può che essere per sempre:

Oggi la mamma
ha invitato N.: così
conoscerà il percorso quotidiano di A.,
potrà apprezzare le bellezze
della strada diritta fra i prati e i parchi signorili.
Più sottilmente e strettamente, più
fatalmente, entrerà nella sua vita.
Gli anziani signori, gli *habitués*
della prima, vorrebbero
cederle il posto con galante allegria:
è una novità questa ragazza bruna
che si veste diverso dalle loro figlie
e nuore [...].[18]

E l'attimo dell'incontro tra i due, un mattino, da soli, segna in lui il tempo dell'attesa, del desiderio, della fantasia di quel femminile "fatale" che gli ha già segnato la vita e che per la sorte che gli tocca gli si muove leggera attorno:

Oggi, sabato mattina, A. e N.
si sono dati appuntamento a un bar
che sta sul lungoparma e possiede
una pergola alta, verdeggiante.
Lui cerca,
trova i tavolini deserti, considera
l'umidità notturna sulle sedie di ferro.
Significa, ciò, che è ancora presto, non bisogna
pretendere che una ragazza sia svelta
nello svegliarsi e approntarsi ad uscire:
lui sa che i soprassalti le procurano
una cefalea dura ad andarsene
senza l'aiuto del véramon. Poi
ci sarà stato il tè preparato dalla mamma,
un po' forte, all'uso australiano…
Poco altro, non è tipo da *toilettes* interminabili:
si capisce che il lavarsi, il pettinarsi,
l'aggiungere rosso alle guance brune (questo artificio
che lui ama), vogliono un certo tempo. Mentre
tali riflessioni volge dentro di sé,
più ansioso che impaziente, gli è
entrata nell'occhio senza accorgersi
di lui, in modo che la può vedere
alerte alla destinazione immancabile,
che è lui. È geloso
e innamorato della solitudine fiera
del suo portamento
che dà ardore all'aria mattutina,
compiutezza alla giornata celeste,
tesa sui ponti di Parma e l'acqua primaverile
come una tela calma…[19]

Ardore e compiutezza nell'immagine, nell'aria, qualcosa che imprime il mondo di sé come una tela, un dipinto, e il mistero che rimane dietro gli occhi, il femminile segreto che non si svela:

A quest'ora incerta N. corre sul vagone freddo
verso la pianura bassa: che cosa leggono
i suoi occhi non intorpiditi schiariti

dalle viole da me seminate la notte
e già sfiorenti,
che cosa,
nella nebbia addensantesi come il convoglio s'avvicina
al Po? [20]

L'eros non è mentale: si nutre di sensazioni fisiche, di visioni incarnate. N. è la donna amata e A. incappa in pensieri d'amore ovunque posi gli occhi, sulle viole, sulla rosa bianca come su Stendhal, in appunti che subito diventano un dono per lei:

Elle était brune et elle
y mettait du rouge. Stendhal – da Polidori –
cita "avait un teint de rose".
È materia sottile, non palpabile
se non a costo di un assassinio
e del tingersi, arrossendo, le dita: *of*
such stuff are made butterflies. Come
le farfalle vanno sempre in coppia, se la prima
cade sulla pagina, l'altra
divisa dal partner
si sentirà persa.
Così quella citazione fragile e spossata
si posò dove principiava, in lode di N.,
una pagina di quaderno dal reticolo
di righe-guida [...]. [21]

E questo amore nutre profondamente l'uno e l'altra: lei rimane in lui l'immagine della "solitudine fiera", il mistero di un femminile intatto anche se mescolato nell'amore, anche se trasformato dalla maternità:

Ormai N. è prossima, temevo che fosse
più duro accettare
la metamorfosi del suo corpo
indenne negli anni
dell'apprendistato amoroso,
un tempo che la memoria assolverà
dal peccato d'edonismo,

più mio (soltanto mio?). Se
qualche leggera macchia è venuta a violare
(temporaneamente, assicurano) le guance brune e alte –
di garofano non di rosa –
viene accettata da me senza sforzo,
e forse amata.[22]

Il fiore in cui lei si trasformerà è il garofano, e questa volta lui è il vaso, recitando a turno il contenitore e il contenuto:

La tua giovinezza si screzia
come fa il garofano che t'assomiglia,
io ti cammino accanto dubitoso
nel crepuscolo oscurato di guerra.[23]

Guerra che porterà paura, fuga sui monti con B., il bambino piccolo, ma anche l'esperienza, comune e condivisa, di una precarietà spartana, in cui è lei a inventare il quotidiano, gioiosamente perfino, stampato nei ricordi, un tempo a suo modo felice, così racconta lei. È questo narrare, di lui nella poesia, di lei nel vivere, che li porta assieme, per mano: un figlio, un altro figlio. E nel grande amore per loro, comunque la tenuta più densa, più forte, è tra i due. Sarà per questo che si diventa vecchi insieme? E non si cercano sostituti o sostitute, "anime" più giovani, vite da reinventare per allontanare quanto nell'altra o nell'altro si vede e si teme, lo spettro di volti che mutano? Sarà per questo che la fedeltà è dei corpi e dei sentimenti, senza finzioni, sapendo anche l'inverno che avanza?

Nell'argentea stagione al finire
tormentoso dell'anno la bellezza
dei fiori muore al fiato
freddo dell'alba, inutile nasce il sole.

Così il tuo bruno volto, l'incarnato
pigro che il garofano ora vince
immobile meriggio e grevi nubi
della matura giovinezza annuncia.[24]

Una gratitudine attraversa noi che leggiamo, noi che grazie a questa storia-fiaba possiamo immaginare la vecchiaia come un compimento. N. rimane bella per sempre, "garofano screziato", Core fuggitiva, femminile e materna, non solo perché fissata nella precaria eternità dei versi, ma perché l'esperienza condivisa di un amore che osa sfidare la vecchiezza porta a credere che davvero la vita "poeta in noi", come scriveva Lou Andreas-Salomé.[25] E la bellezza dolente di N., ora che A. se ne è andato via, non perde il rosso alle guance; e quella quiete estraniata, femminile, "assenza più acuta presenza", è anche ciò che di lui continua in lei a vivere. Anche se lei fa tanta fatica e il vuoto è l'ombra in agguato, Ninetta la bella prepara il tè, forte, alla maniera australiana.

Epilogo

Fare fiaba

Un'unica volta ho sognato in vita mia Jung. Chissà se mi ricapiterà, magari dopo questo libro ritorna.

> Mi avevano proposto un lavoro prestigioso nel mio campo analitico. Ma mi ritrovo a battere a macchina. Dico: "Va be', vediamo"; poi però qualcuno mi dà una carta di giornale (come per il cartoccio delle caldarroste) con dentro uno stronzo. "Eh no", dico, "è troppo." Me ne vado via, e per la strada incontro Emma Jung e cammino con lei. Arriva Jung in persona come una presenza luminosa, come se fosse circonfuso di luce. Mi invita a cena e lo dice alla moglie. Io sono confusa e felice. Chiedo alla moglie lui dove sta andando. Risponde: "Va allo sport". "Ah sì? E quale?" Risponde: "L'amore".

Allora è così. EROS come pratica di una vita per tenersi allenati a vivere. Non lavori ripetuti macchinalmente e con uno stronzo incartato in un vecchio giornale. EROS come antagonista non solo alla pulsione di morte ma anche alla banalità del male di un mestiere di analista che ripete in modo stupido vecchie formule e non si allena ogni volta a una vita diversa. Come diceva Jung: il nostro è sempre un mestiere da pionieri.

Il "fare fiaba" della nostra vita è, come dice Hillman,[1] "fare anima". O "fare cinema". O "fare analisi" come l'ho vissuto io e, quando mi è andata bene, l'ho trasmesso.

È il "fare" la materia di cui siamo fatti. Come le incisioni rupestri. O le tracce del Neolitico. Una traccia di palafitte sta nell'inconscio e nell'oscurità del cervello. La vita e la morte sono incise come una necessità, ma anche come storia e memoria da cui deriviamo come nei miti e nelle fiabe. Le fiabe ci dicono di noi prima di noi, ma oscuramente ancora parlano di noi.

L'origine del materno e del femminile, madre terribile e matrigna, Medea. Le dee abitano la nostra oscurità, nei sogni, incubi personali e catastrofi collettive. Creazione e distruzione, "distruzione come causa della nascita", come scrive Sabina Spielrein con una intuizione geniale, oscura e luminosa.[2]

La fiaba siamo noi; una contraddizione che contiene gli opposti. In una intervista alla BBC alla fine della sua vita alla domanda del giornalista "Chi erano i suoi genitori?" Jung risponde: "Mio padre era un pastore protestante, un uomo prevedibile. Mia madre di giorno era una persona normale, ma di notte mi faceva paura". "Come?" chiede il giornalista. Risponde Jung: "Non ne ho la più pallida idea".

Geniale. È così. Il più delle volte non abbiamo la più pallida idea delle oscurità in cui siamo immersi. E la fiaba, ripresa dai miti e dai sogni antichi, ci abita.

Forse alla fine c'è speranza. Feriti dalla scheggia del male della Regina delle nevi, feriti nella visione, nello sguardo e nel cuore ghiacciato, siamo liberi in modo misterioso quando i blocchi di ghiaccio, il puzzle, compongono da sé la parola "eternità". Il lavoro analitico, quello che ciascuno fa con la sua origine, con il nucleo di fondo, il senso dell'umano di ciascuno di noi, il passaggio dall'io al tu nella relazione, dalla dittatura dell'io alla gratitudine del tu, del noi, hanno lo stesso significato misterioso della fiaba.

L'inconscio ci guarda, il cinema ci guarda, le parole poetiche danno voce al "sé" oltre l'io. E non ne abbiamo "la più pallida idea". Che cos'è l'analisi?

Come nell'immagine che ho nel cuore quando andavo a trovare Cesare Musatti all'ospedale nell'ultimo anno dei no-

Figura 11 Cesare Musatti.

stri incontri, l'ultimo suo di vita. Dopo la convalescenza mi disse che desiderava un brodo. Sono andata a casa e gli ho preparato un brodo perfetto, con carni diverse e verdure. Alla temperatura giusta gliel'ho portato e lo vedo ancora il gesto di gustarlo, con la cannuccia da una parte e con l'altra mano mostrare di gradirlo con grande piacere, dicendo: "Altro che la psicoanalisi".

Forse era il significato del sogno che mi aveva portato da lui. Avevo superato la prova.

Da un'asse all'altra avanzavo
così lenta, prudente.
Sentivo le stelle sul capo,
e sotto i piedi il mare.

Questo solo sapevo: che un altro
passo sarebbe stato irrevocabile.
Ed avevo quell'andatura incerta
che chiamano esperienza.[3]

Ringraziamenti

Questo libro è stato un bel lavoro di squadra. Storie, fiabe, frammenti, immagini, un mosaico con tessere mancanti incastrate tra le "pietre d'inciampo" delle nostre città. Proprio le pietre d'inciampo che ricordano a chi cammina distrattamente che lì abitava qualcuno che ha lasciato la vita e rimane nella memoria e nel cammino. Ma anche le tracce del Neolitico e via via il Romanico, l'anima dei luoghi.

Di questa spedizione hanno fatto parte una archeologa capocantiere – Claudia Fredella –, una traduttrice – Alessandra Arrigoni Ravasi –, una scrittrice – Violetta Bellocchio –, una poetessa e attrice – Sonia Bergamasco –, due architetti della parola e della fiaba – Mariella Agostinelli e Chiara Savarese.

Sono grata a tutti i poeti, gli artisti e gli analisti/artisti che mi hanno dato anima.

Spero che le fiabe ci accompagnino a lungo.

Note

PREFAZIONE

1. C.A. Duffy, “Penelope”, tr. it. in *La moglie del mondo*, Le Lettere, Firenze 2002.

LA FIABA SIAMO NOI

1. A. Bertolucci, “Senza titolo”, in *La lucertola di Casarola*, Garzanti, Milano 1997, p. 18.
2. I. Calvino, *Fiabe italiane. Raccolte dalla tradizione popolare durante gli ultimi cento anni e trascritte in lingua dai vari dialetti*, Oscar Mondadori, Milano 1993.
3. S. Bergamasco, “Hänsel e Gretel”, in *Il quaderno*, La nave di Teseo, Milano 2022, p. 40.
4. F. Fornari, *Dissacrazione della guerra. Dal pacifismo alla scienza dei conflitti*, Feltrinelli, Milano 1969; F. Fornari, *Psicanalisi della situazione atomica*, Rizzoli, Milano 1970.
5. J. Hillman, S. Ronchey, *L'ultima immagine*, tr. it. Rizzoli, Milano 2021, p. 38.
6. 6F. Prono, G. Rigola (a cura di), *Il dolce rumore della vita. Giuseppe Bertolucci tra cinema, teatro, televisione e poesia*, Edizioni Cineteca di Bologna, Bologna 2021.
7. R.M. Rilke, *Requiem per un'amica*, tr. it. Quaderni di Orfeo, Milano 2003.
8. *Ibidem.*
9. L. Ravasi, *Nonostante tutto. Il dolore innocente*, Moretti & Vitali, Bergamo 2017.
10. R.M. Rilke, *Requiem per un'amica*, cit.

CAPITOLO 1. STORIE SOSPESE

1. C. Campo, *La tigre assenza*, Adelphi, Milano 1991, p. 25.
2. C. Lispector, *Acqua viva*, tr. it. Sellerio, Palermo 1997, p. 24.

3. Le citazioni riportate in questo paragrafo sono tratte da H.C. Andersen, "La Regina delle nevi", tr. it. in *Fiabe*, Einaudi, Torino 1954, pp. 199-225.
4. H.C. Andersen, *La favola della mia vita. Prima versione integrale dal testo originale*, tr. it. Edizioni Paoline, Milano 1959, p. 15.
5. W. Shakespeare, *La tempesta*, atto IV, scena I, tr. it. BUR, Milano 2008.
6. R. Barthes, *Frammenti di un discorso amoroso*, tr. it. Einaudi, Torino 1979.
7. T.S. Eliot, "Burnt Norton", tr. it. in *Quattro quartetti*, Feltrinelli, Milano 2019, p. 103.
8. L. Erdich, "Poesia n. 86", tr. it. in *Sette poeti indiani contemporanei*, Crocetti, Milano 1995, p. 14.
9. S. Lagorio, L. Ravasi, S. Vegetti Finzi, *Se noi siamo la terra*, il Saggiatore, Milano 1996, p. 93.
10. B. Bettelheim, *La fortezza vuota: l'autismo infantile e la nascita del sé*, tr. it. Garzanti, Milano 1978.
11. E. Dickinson, "Poesia n. 36", tr. it. in *Le stanze d'alabastro*, Feltrinelli, Milano 1983, p. 59.
12. Una prima stesura di queste storie di analisi è contenuta nel testo L. Ravasi, *Come il destino. Lo sguardo della fiaba sull'esperienza autistica*. Raffaello Cortina, Milano 1999.
13. V. Lamarque, "Cucchiaini", tr. it. in *Una quieta polvere*, Mondadori, Milano 1996, p. 24.
14. G. Carducci, "Davanti San Guido", in *Poesie*, Garzanti, Milano 1978, p. 337.
15. J.M. Barrie, *Peter Pan nei giardini di Kensington*, tr. it. Rizzoli, Milano 1981, p. 66.
16. F. Tustin, *Autismo e psicosi infantile*, tr. it. Armando, Roma 1975, p. 98.
17. F. Tustin, *Protezioni autistiche nei bambini e negli adulti*, tr. it. Raffaello Cortina, Milano 1991.
18. J. Hillman, *Il codice dell'anima*, tr. it. Adelphi, Milano 1997, pp. 21-22.
19. S. Plath, *Le muse inquietanti*, tr. it. Mondadori, Milano 1985, p. 41.
20. F. Tustin, *Autismo e psicosi infantile*, cit., pp. 8-9.
21. S. Plath, *Le muse inquietanti*, cit., p. 41.
22. F. Tustin, *Autismo e psicosi infantile*, cit., p. 84.
23. J. Hillman, *Il codice dell'anima*, cit., p. 53.
24. *Ibidem*, p. 55.
25. *Ibidem*, pp. 54-55.
26. F. Tustin, *Autismo e psicosi infantile*, cit., p. 90.
27. W. Shakespeare, *Amleto*, atto V, scena II, tr. it. Mondadori, Milano 1988.
28. A. Bertolucci, *La camera da letto*, Garzanti, Milano 1985, pp. 105-106.
29. Il gioco della sabbia nasce come metodo e pratica analitica di cura grazie a Dora Kalff, allieva di Emma e Carl Gustav Jung. Inizialmente utilizzato per la terapia di bambini e adolescenti, viene in seguito praticato anche con gli adulti, per la capacità di muovere le immagini dell'inconscio oltre la parola.

L'intuizione di Dora Kalff nasce da un test proiettivo (noto come test Loewenfeld o "Del mondo") e dall'invenzione creativa che la Kalff fa della rappresentabilità del mondo interno: una vaschetta azzurra (di dimensioni 50 × 70 × 15 centimetri di profondità) viene riempita di sabbia e posta come contenitore delle storie che i pazienti racconteranno lì dentro, usando come materiale simbolico piccole figure umane, sassi, conchiglie, alberi e case in miniatura, animali domestici e feroci ecc., tutto "il mondo" visto con gli occhi della fantasia e dell'inconscio. Attraverso "la sabbia" si muove la realtà dell'immaginazione, oltre le parole; prendono forma luoghi allontanati nell'inconscio e impraticabili, forse allo stato puro del sogno.

30. E. Montale, "Spesso il male di vivere ho incontrato", in *Ossi di seppia*, Einaudi, Torino 1942, p. 52.
31. F. de Quevedo, "Amor constante más allá de la muerte", in *Poesía varia*, Catedra, Madrid 2005, pp. 255-256 (traduzione mia).
32. D.M. Turoldo, "La Sentenza", in *Canti ultimi*, Garzanti, Milano 1995, p. 59.
33. Ildegarda di Bingen, cit. da C.G. Jung, "Simboli della trasformazione", tr. it. in *Opere*, vol. 5, Boringhieri, Torino 1970, pp. 98-99.
34. P. De Benedetti, *Quale Dio?*, Morcelliana, Brescia 1997, p. 61.
35. R.M. Rilke, "Alcesti", tr. it. in *Poesie*, Einaudi, Torino 1994, pp. 25-26.
36. *Ibidem*, pp. 27-28.
37. Una prima stesura di questi testi si trova in L. Ravasi, *Come una pietra leggera. Giochi di sabbia che curano*, Skira, Milano 2013.
38. G. Pascoli, "X agosto", in *Myricae*, Giusti, Livorno 1905, p. 107.
39. G. Pascoli, "Morte e sole", in *Myricae*, cit., p. 47.
40. J.J. Baranes, *La questione psicotica in adolescenza*, tr. it. Borla, Roma 1995, p. 93.
41. A. Bertolucci, *La camera da letto*, cit., pp. 44-45.
42. G. Pascoli, "X agosto", cit.
43. Frammenti da A. Bellocchio, "La strega buona", in *Segni dell'Eldorado. Zelda acchiappami avanti ch'io sia perso*, Moretti & Vitali, Bergamo 2009, pp. 95-96.

CAPITOLO 2. LA FIABA DELLA VITA

1. S. Bergamasco, "Cenerentola, una filastrocca", in *Il quaderno*, La nave di Teseo, Milano 2022, p. 48.
2. V. Imbriani, *La novellaja fiorentina: fiabe e novelline stenografate in Firenze dal dettato popolare*, con i tipi di F. Vigo, Livorno 1877, pp. 158-162.
3. Traduzione e adattamento di Alessandra Arrigoni Ravasi.
4. J. Hillman, *Puer aeternus*, tr. it. Adelphi, Milano 2014.
5. W. Shakespeare, *Macbeth*, atto I, scena I, tr. it. Einaudi, Torino 1942.
6. N. Janigro, *La vocazione della psiche. Terapeuti perché*, Einaudi, Torino 2015.
7. A. Bellocchio, "Zio Bruno", in *Segni dell'Eldorado*, cit., p. 69.
8. G. Bertolucci, *Cose da dire*, Bompiani, Milano 2011.

9. L. Ravasi, *Di madre in figlia: storia di un'analisi*, Raffaello Cortina, Milano 1987.
10. J. Hillman, *Il codice dell'anima*, cit.
11. S. Lagorio, *La scimmia che sogna*, Fondazione Corrente, Milano 1990.
12. E. Dickinson, "We grow accustomed to the dark", in *The Complete Poems*, Faber & Faber, London 2016 (traduzione mia).
13. F. Fellini, *Il libro dei sogni*, Rizzoli, Milano 2007.
14. A. Bellocchio, "Il fiore bianco della magnolia", in *Segni dell'Eldorado*, cit., p. 36.
15. K. Kavafis, "Per quanto sta in te", tr. it. in *Settantacinque poesie*, Einaudi, Torino 1992, p. 59.
16. S. Freud, *Costruzioni nell'analisi*, tr. it. in *Opere*, vol. 11, Boringhieri, Torino 1979.
17. S. Freud, *L'interpretazione dei sogni*, tr. it. in *Opere*, vol. 3, Boringhieri, Torino 1979.
18. L. Andreas-Salomé, *Il mio ringraziamento a Freud. Tre lettere a un fanciullo*, tr. it. Boringhieri, Torino 1984.
19. R. Barthes, *Frammenti di un discorso amoroso*, cit.
20. C.G. Jung, *Psicologia dell'inconscio*, tr. it. Boringhieri, Torino 1973, p. 182.

CAPITOLO 3. PSICOANALISI ED ETICA

1. S. Freud, A. Einstein, *Perché la guerra*, tr. it. Bollati Boringhieri, Torino 2013.
2. F. Fornari, *Dissacrazione della guerra*, cit.
3. *Ibidem*, pp. 14-15.
4. F. Fornari, *Psicanalisi della situazione atomica*, cit., pp. 203-208.
5. *Ibidem*, pp. 208-210.
6. L. Pagliarani, in F. Fornari *Dissacrazione della guerra*, cit., p. 274. La poesia citata da Pagliarani è *Porto un messaggio* di Günter Kunert, traduzione di Cesare Cases.
7. Una prima versione di questo testo si trova in L. Ravasi, "La crociata del bambini (stupidi o innocenti?)", in M. Pignatelli (a cura di), *Fondamento, fondamentalismo. Uno sguardo dal profondo – Rivista di psicologia analitica*, *Nuova serie*, 15, 67, 2003, pp. 85-109.
8. La storia del *Pifferaio magico* trae origine da un'antica leggenda tedesca, che venne trascritta dai fratelli Grimm e inclusa nelle loro *Deutsche Sagen* (*Saghe Germaniche*), pubblicate in due volumi tra il 1816 e il 1818.
9. F. Cardini, D. Del Nero, *La crociata dei fanciulli*, Giunti, Firenze 1999, p. 7.
10. J.L. Borges, "Postfazione", tr. it. in M. Schwob, *La crociata dei bambini*, SE, Milano 1988, p. 81.
11. *Ibidem*, p. 73.
12. *Ibidem*, p. 76.
13. *Ibidem*, pp. 82-83.

14. M.I. Cvetaeva, "L'ammazzatopi", tr. it. in *Poesie*, Feltrinelli, Milano 1979, pp. 146-149.
15. M. Schwob, *La crociata dei bambini*, cit., pp. 36-37.
16. B. Brecht, "La crociata dei ragazzi", tr. it. in *Storie da calendario*, Einaudi, Torino 1962, pp. 50-66.
17. M. Schwob, "Racconto di papa Gregorio IX", in *La crociata dei bambini*, cit., pp. 55-59.
18. F. Fornari, *Psicanalisi della situazione atomica*, cit., p. 51.
19. F. De Gregori, *La storia*, contenuta nell'album *Curve nella memoria* (1998).

CAPITOLO 4.
VIA CRUCIS: FAMIGLIA, CINEMA E POESIA

1. Congedo di Carlo Maria Martini dai fedeli milanesi a Gerusalemme.
2. Dall'Angelus di papa Francesco in piazza San Pietro del 26 dicembre 2021.
3. Tutte le fiabe riportate in questo paragrafo sono tratte da J. Grimm, W. Grimm, *Principessa Pel di Topo e altre 41 fiabe da scoprire*, tr. it. Donzelli, Roma 2012.
4. A. Bellocchio, *La società degli uguali*, inedito.
5. D. Nano (a cura di), *Le figure del male*, Aracne, Roma 2019, p. 199.
6. *Ibidem*, p. 200.
7. W. Shakespeare, *Macbeth*, atto I, scena I, cit.
8. L. Ravasi, *L'amore è un'Ombra. Perché tutte le mamme possono essere terribili*, Mondadori, Milano 2012.
9. Una prima stesura di questi testi si trova in L. Ravasi, *Gli occhi d'oro. Il cinema nella stanza dell'analisi*, Moretti & Vitali, Bergamo 2004.
10. "La maestra di sant'Ermete/delle volte, il pomeriggio,/si chiude in camera e accende una Giubek./Non fuma./Sdraiata sul letto/la guarda consumarsi./Le piace l'odore./Delle volte le viene da piangere." R. Baldini, "1938", in *La Nàiva Furistír Ciacri*, Einaudi, Torino 2000, p. 14.
11. Aforisma di Fernando Pessoa citato da Federico Fellini ne *La voce della luna*.
12. F. Fellini, *Sul cinema*, a cura di G. Grazzini, il Saggiatore, Milano 2019.
13. F. Pessoa, "Autopsicografia", tr. it. in *Una sola moltitudine*, vol. I, Adelphi, Milano 1979, p.165.
14. C.G. Jung, *L'archetipo della madre*, tr. it. Boringhieri, Torino 1981.
15. F. Fellini, *Fare un film*, Einaudi, Torino 1980, p. 158.
16. *Ibidem*, pp. 158-159.
17. C.G. Jung, *Ricordi, sogni, riflessioni*, cit.
18. F. Fellini, *Fare un film*, cit., p. 159.
19. C.G. Jung, *Visioni: appunti del seminario tenuto negli anni 1930-1934*, Edizioni Magi, Roma 2019.
20. C. Gaillard, L. Ravasi, *L'inconscio creatore: attorno al* Libro dei sogni *di Federico Fellini*, Moretti & Vitali, Bergamo 2009.
21. M. Foucault, "Introduzione", tr. it. in L. Binswanger, *Sogno ed esistenza*, SE, Milano 1993, p. 60.

22. F. Fellini, *La mia Rimini*, Cappelli, Bologna 1967, p. 29.
23. A. Bertolucci, "Il bagno", in *Verso le sorgenti del Cinghio*, Garzanti, Milano 1993, p. 73.
24. C. Caselli, *Insieme a te non ci sto più*, brano composto da P. Conte e V. Pallavicini, 1968.
25. S. Plath, "Monologo alle 3 di notte", tr. it. in *Tutte le poesie*, Mondadori, Milano 2013, p. 69.
26. S. Plath, "Contusione", in *Tutte le poesie*, cit., p. 801.
27. D. Vallino, *Fare psicoanalisi con genitori e bambini: la consultazione partecipata*, Mimesis, Milano 2009.
28. C. Campo, *La tigre assenza*, cit., p. 29.
29. P.P. Pasolini, "Marilyn", in *Per il cinema*, Mondadori, Milano 2001, pp. 398-399.
30. E. St. Vincent Millay, "Preghiera a Persefone", tr. it. in *Poesie*, Crocetti Editore, Milano 2020.
31. A. Machado, "Mi conducevi, ho sognato", tr. it. in *Tutte le poesie e prose scelte*, Mondadori, Milano 2010, pp. 398-399.
32. V. Lamarque, "La signora dell'ultima volta", tr. it. in *Poesie 1972-2002*, Mondadori, Milano 2002, p. 95.
33. V. Lamarque, "L'albero", in *Poesie 1972-2002*, cit., p. 217.
34. *Ibidem.*
35. V. Lamarque, "Precipizio", in *Poesie 1972-2002*, cit., p. 57.
36. W. Shakespeare, *La tempesta*, atto IV, scena I, cit.
37. A. Bellocchio, *Il libro della famiglia*, il Saggiatore, Milano 2004.
38. A. Bellocchio, "La Dora vola via", in *Il libro della famiglia*, cit., p. 275.

CAPITOLO 5. CLINICA POETICA

1. Dalla presentazione de *Il libro della famiglia* di Alberto Bellocchio a Castell'Arquato, nel 2005.
2. Una prima stesura di questo testo si trova in L. Ravasi, "L'aritmia e la gentilezza", in R. Màdera, L. Ravasi (a cura di), *Clinica poetica – Rivista di psicologia analitica, Nuova serie*, 31, 83, 2011, pp. 43-55.
3. A. Bertolucci, *Aritmie*, Garzanti, Milano 1991.
4. C.G. Jung, "Psicologia e poesia", tr. it. in *Opere*, vol. X, tomo I, Boringhieri, Torino 1985, pp. 377-378.
5. E. Dickinson, "A nearness to Tremendousness", in *The Complete Poems*, cit., (traduzione mia).
6. A. Bertolucci, *La camera da letto*, cit, pp. 81-84.
7. A. Bertolucci, "A sua madre che aveva nome Maria", in *Le poesie*, Garzanti, Milano 1998, p. 155.
8. A. Bertolucci, "Per una clinica demolita", in *Viaggio d'inverno*, Garzanti, Milano 1971, pp. 58-59.
9. A. Bertolucci, "Ancora l'insonnia", in *Viaggio d'inverno*, cit, p. 78.
10. A. Bertolucci, "Altra volta nel buio", in *Verso le sorgenti del Cinghio*, cit., p. 74.

11. F. de Quevedo, "Amor constante más allá de la muerte", in *Poesía varia*, cit. (traduzione mia).
12. N.S. Nye, "Kindness", in *Words Under the Words: Selected Poems*, The Eighth Mountain Press, Portland 1995 (traduzione mia).
13. Una prima stesura di questo testo si trova in L. Ravasi, "Ninetta la bella", in M. Pignatelli (a cura di), *Invecchiare tra sintomo e necessità – Rivista di psicologia analitica, Nuova serie*, 10, 62, 2000, pp. 113-119.
14. A. Bertolucci, "Assenza", in *Sirio*, Garzanti, Milano 1990, p. 26.
15. A. Bertolucci, "La rosa bianca", in *Fuochi in novembre*, Garzanti, Milano 1990, p. 41.
16. A. Bertolucci, "A Ninetta", in *Fuochi in novembre*, cit., p. 65.
17. A. Bertolucci, "Per N. lontana", in *Le poesie*, cit., p. 102.
18. A. Bertolucci, *La camera da letto*, cit., pp. 18-19.
19. *Ibidem*, pp. 20-21.
20. *Ibidem*, p. 48.
21. *Ibidem*, pp. 57-58.
22. *Ibidem*, p. 66.
23. *Ibidem*, p. 69.
24. A. Bertolucci, "Incompiuta", in *La lucertola di Casarola*, cit., p. 17.
25. L. Andreas-Salomé, *Il mio ringraziamento a Freud*, cit., p. 33.

EPILOGO. FARE FIABA

1. J. Hillman, *Il codice dell'anima*, cit.
2. C. Covington, B. Wharton (a cura di), *Sabina Spielrein. Una pioniera dimenticata della psicoanalisi*, tr. it Vivarium, Milano 2007.
3. E. Dickinson, *Silenzi*, tr. it. Feltrinelli, Milano 2014.

STORIE DI PSICOTERAPIA

I.D. Yalom, *Guarire d'amore*
G. Dimaggio, *Un attimo prima di cadere*
M.M. Linehan, *Una vita degna di essere vissuta*
G. Atlas, *L'eredità emotiva*